UNE FLEUR SUR LES RUINES

Olivier Jollivet

Éditions ART ET COMÉDIE
3, rue de Marivaux
75002 PARIS

NOTE SUR L'AUTEUR

Olivier Jollivet est un auteur et metteur en scène angevin. Passionné d'histoire, il mêle souvent dans ses textes comédie et faits historiques avec toujours une petite touche d'émotion.

PERSONNAGES

AGLAÉ, femme distinguée et égoïste

ROSELYNE, femme médisante et de mauvaise foi

PAULETTE, femme médisante et querelleuse

CLÉMENTINE, jeune femme mystérieuse et pleine d'autorité

GISÈLE, femme dévouée, généreuse et courageuse

LUCIEN, homme d'âge mûr ayant quelques troubles psychologiques

FERNAND, peintre grincheux

PIERRE, écrivain misanthrope et alcoolique

DÉCOR

Un palier d'immeuble avec 8 portes et un dégagement (ou couloir) menant à ce que l'on suppose être la cage d'escalier (non visible du public).
La fenêtre, quant à elle, sera imaginée en avant-scène, face au public.
Le décor pourra le cas échéant être modifié au cours de la pièce, lorsqu'a lieu le bombardement : poutres tombées, tapisserie décollée…

Les événements se passent à Angers (49) en mai 1944.

TABLEAU 1
Réunion de nuit

Il fait nuit. On entend le son d'un poste de radio. Clémentine, épiée par Paulette qui passe la tête dans l'entrebâillement de sa porte, entre dans son appartement, une valise à la main. Aglaé sort de son appartement et frappe à la porte de Lucien.

AGLAÉ. – Radio !

La radio s'arrête. Aglaé rentre chez elle tandis que Paulette sort de son appartement et frappe à la porte de Roselyne.

PAULETTE. – Roselyne ! Debout ! Ouvrez, il y a du nouveau !

ROSELYNE, *derrière la porte.* – Vous avez vu l'heure ?

PAULETTE. – Oui, justement…

ROSELYNE. – Je passe ma robe de chambre et je viens.

PAULETTE. – Dépêchez-vous, j'ai froid !

ROSELYNE, *sortant.* – Qu'est-ce qu'il y a ?

PAULETTE. – C'est la petite.

ROSELYNE. – La petite ? Qu'est-ce qu'elle a fait encore ?

PAULETTE. – Ne hurlez pas comme ça ! Vous allez nous faire repérer… Elle vient tout juste de rentrer. Vous vous rendez compte ? Ça fait trois fois cette semaine…

ROSELYNE, *regardant sa montre et sortant un calepin.* – Vingt-trois heures dix-sept. Dix minutes de plus qu'hier. Je note…

PAULETTE. – Elle portait une grosse valise. À vue de nez, d'un poids d'une vingtaine de livres. Elle semblait pressée, et elle avait un regard… Le regard de quelqu'un qui a quelque chose à se reprocher…

ROSELYNE. – Qu'est-ce qu'elle faisait dehors à une heure pareille ?

PAULETTE. – À votre avis ?

ROSELYNE. – J'en sais rien !

PAULETTE. – Réfléchissez !

ROSELYNE. – Oh ! je vous dis que je n'en sais rien !

PAULETTE. – C'est pourtant clair. Elle voit un homme.

ROSELYNE. – Mais oui, c'est ça, vous avez raison… Elle voit un homme, à tous les coups…

PAULETTE. – Et étant donné l'heure à laquelle elle sort, elle ne veut pas que ça se sache.

ROSELYNE. – Mais pourquoi, à votre avis ?

PAULETTE. – C'est peut-être…

ROSELYNE. – Quoi ?

PAULETTE, *presque inaudible.* – Un Allemand.

ROSELYNE. – Un quoi ?

PAULETTE. – Un Allemand !

ROSELYNE. – Un Allemand ?

PAULETTE. – Pas si fort !

ROSELYNE. – Vous croyez ? C'est quand même surprenant.

PAULETTE. – À notre époque, plus rien ne m'étonne. Les gens les plus vertueux ne le sont que pour cacher leurs vices.

ROSELYNE. – Oh ! la saleté ! Qu'est-ce que vous avez vu d'autre ?

PAULETTE. – C'est tout.

ROSELYNE. – Comment ça, c'est tout ?… Et les autres voisins ?

PAULETTE. – R.A.S.

ROSELYNE. – Rien sur Lucien non plus ?

PAULETTE. – Pas vu.

ROSELYNE. – Mais vous êtes complètement incompétente ! Comment voulez-vous faire de bonnes réunions de nuit si vous n'êtes pas foutue de relever des informations ?

PAULETTE. – Dites donc, vous n'aviez qu'à espionner les gens, aujourd'hui, au lieu de vous prélasser sur votre balcon !

ROSELYNE. – C'était votre tour de garde ! De toute façon, je n'étais pas là, j'étais toute la journée sortie pour voir ma petite-nièce. C'est sa communion demain, je voulais en parler avec elle.

PAULETTE. – Depuis quand vous vous intéressez aux bondieuseries ?

ROSELYNE. – J'ai toujours été très croyante.

PAULETTE. – Arrêtez un peu ! Le crucifix que Gisèle vous a offert pour votre fête, vous vous en servez de cale-porte. Vous avez regardé à travers les serrures des portes, au moins ?

ROSELYNE. – Non… J'ai pas osé.

PAULETTE. – Voilà autre chose. Allez, un peu de courage ! Allez-y !

ROSELYNE. – Maintenant ?

PAULETTE. – Oui !… Bon, on y va ensemble. Allez, hop, chez Lucien ! *(L'une écoute, l'autre regarde à travers la serrure.)* Rien… Allons voir chez Fernand. La lumière est allumée. Qu'est-ce qu'il fait à cette heure ?

Les deux femmes s'approchent de la porte et regardent par la serrure.

ROSELYNE. – Poussez-vous, je ne vois rien ! Attendez… Oh ! il peint… Je crois qu'il fait une peinture de sa femme.

PAULETTE. – Ça doit être beau. Heureusement qu'elle s'est taillée depuis un bail pour ne plus voir ça. Faites voir…

ROSELYNE. – Non ! Il peint un nu. Ce n'est pas pour vous.

PAULETTE. – Pour qui vous me prenez ?

ROSELYNE. – Il n'y a rien à voir, je vous dis !

FERNAND, *sortant de son appartement*. – Qu'est-ce que vous faites devant ma porte ?

PAULETTE. – On a vu de la lumière…

ROSELYNE. – À cette heure, on s'inquiétait !

FERNAND. – Depuis quand on se soucie des gens dans cet immeuble ? Remballez vos langues de vipère et fichez-moi la paix, je travaille !

AGLAÉ, *sortant la tête de sa porte*. – Vous allez la fermer, oui ?

FERNAND. – Vous ne dormez pas, vous ?

AGLAÉ. – Comment voulez-vous que je dorme avec le boucan que vous faites avec votre radio ?

FERNAND. – Qu'est-ce que vous racontez ? Je n'ai pas de radio !

PIERRE, *sortant de son appartement*. – C'est moi qui ai mis la radio pour ne pas entendre vos piaillements !

AGLAÉ. – Coupez-moi ça, imbécile ! Vous voulez nous faire arrêter ou quoi ? Vous avez vu l'heure ?

FERNAND. – Comment pourrait-il regarder l'heure ? Il n'a plus les yeux en face des trous depuis qu'il a reçu un éclat d'obus en 14…

PIERRE. – Alors vous, le Picasso à six sous, la prochaine fois que je vous croise, je vous fais bouffer vos pinceaux !

LUCIEN, *sortant de son appartement*. – C'est quoi ce raffut ? Gilberte, c'est toi ?

FERNAND. – Ah ! bravo ! Vous avez réveillé l'autre tordu !

LUCIEN. – C'est moi le tordu ? Non, mais oh ! Vous vous croyez mieux, vous, à peindre des tableaux obscènes ?

AGLAÉ. – La paix ! Vous allez réveiller tout le quartier ! Vieux con !

LUCIEN. – Approchez-vous si vous êtes une femme, et venez me le dire droit dans les yeux !

AGLAÉ. – Il faudrait d'abord qu'ils regardent dans la même direction !

LUCIEN. – Oh !… Saleté !

PAULETTE. – Ça suffit ! Vous me faites honte !

PIERRE. – Ne commencez pas à nous donner des leçons, vous !

PAULETTE. – Mais je ne vous ai rien demandé, moi !

PIERRE. – Moi je vous demande de la fermer, au moins une fois dans votre vie !

CLÉMENTINE, *sortant de son appartement.* – Vous avez fini de beugler, oui ? J'arrive pas à dormir !

FERNAND. – Vous n'avez qu'à vous mettre la tête sous l'oreiller !

CLÉMENTINE. – C'est ça ! Pour que je m'étouffe ? Ça vous ferait trop plaisir !

ROSELYNE. – Moi, je m'en vais, je n'ai rien à faire dans vos histoires.

PAULETTE. – C'est ça, les rats quittent le navire ! Espèce de lâche !

ROSELYNE. – Pardon ?

GISÈLE, *ouvrant sa porte.* – Excusez-moi, messieurs-dames, de vous déranger. Serait-il possible de parler un peu moins fort ? J'ai du mal à m'endormir.

PAULETTE. – Foutez-nous la paix, vous !

ROSELYNE. – Allez vous coucher !

GISÈLE. – Je ne voulais pas vous mettre en colère.

FERNAND. – C'est trop tard ! Foutez-moi le camp !

GISÈLE. – Je vous souhaite une bonne soirée.

AGLAÉ. – C'est ça, bonne soirée !

Gisèle rentre chez elle.

FERNAND. – Rentrez tous, et je ne veux plus un bruit jusqu'à demain matin ! C'est compris ?

ROSELYNE. – Alors commencez par fermer votre clapet ! Sale rat !

AGLAÉ, *à Pierre.* – Et vous, allez couper votre poste !

PIERRE. – Plutôt crever que de vous rendre ce service !

AGLAÉ. – Pour la dernière fois, éteignez-la !

PIERRE. – Allez la couper vous-même si vous l'osez !

AGLAÉ. – Très bien. *(Elle rentre chez Pierre.)*

FERNAND. – Et vous autres, retournez au lit ! Et au mieux, ne vous réveillez jamais !

> *La radio valdingue sur le palier. Aglaé ressort de l'appartement de Pierre.*

PIERRE. – Regardez ce que vous avez fait ! Ma radio ! Espèce d'ordure !

AGLAÉ. – Je vous interdis de m'insulter !… Abruti !

FERNAND, *à Roselyne*. – Vieux trumeau !

AGLAÉ, *à Lucien*. – Déglingué !

LUCIEN, *à Aglaé*. – Poison !

CLÉMENTINE, *à Pierre*. – Poivrot !

PAULETTE, *à Clémentine*. – Pimbêche !

ROSELYNE, *à Fernand*. – Crétin !

FERNAND, *à Paulette*. – Mocheté !

AGLAÉ, *à Roselyne*. – Vieille coche !

PAULETTE, *à Lucien*. – Cinglé !

GISÈLE, *entrouvrant sa porte*. – Bonne nuit !

TOUS. – Bonne nuit !

NOIR

TABLEAU 2
Détritus

C'est le lendemain matin. Clémentine sort tandis que Fernand sort de chez lui, un tableau à la main, qu'il met à sécher sur le palier.

CLÉMENTINE. – Vous êtes déjà levé, vous ?

FERNAND. – De quoi je me mêle ? Allez donc descendre vos poubelles. Elles sentent mauvais et encombrent le palier. Je ne suis pas obligé de supporter l'odeur de vos ordures dès le matin.

CLÉMENTINE. – Ce ne sont pas les miennes.

FERNAND. – Cela vous empêche-t-il de les descendre ?

CLÉMENTINE. – J'ai autre chose à faire. J'ai des examens à faire passer.

FERNAND. – C'est ça, allez-y, vos chers petits élèves doivent vous attendre, une fois de plus… Dites-moi, quel est le sujet du devoir ?

CLÉMENTINE. – L'altruisme.

FERNAND. – Vraiment ? Vous enseignez l'altruisme aux élèves alors que vous n'êtes pas fichue d'aider les gens à descendre des poubelles ?

CLÉMENTINE. – Je peux savoir, moi, ce que vous faites ici pour aider les gens ?

FERNAND. – Rien. Et je m'en flatte. Plutôt m'engager dans l'armée allemande que de rendre service à toute cette bande de saligauds.

CLÉMENTINE. – Bon, je vous laisse, je suis en retard.

FERNAND. – Si vous vous couchiez plus tôt, vous seriez plus matinale. Il paraît que vous rentrez de plus en plus tard…

CLÉMENTINE. – Et qu'est-ce que ça peut vous faire ?

FERNAND. – Rien. Je trouve ça triste, c'est tout. Je n'en dirai pas plus.

CLÉMENTINE. – Qu'est-ce que ça veut dire ces petites allusions ? Allez-y, crachez le morceau !

FERNAND. – Je n'ai pas à m'expliquer… Mais quand je pense à tous ceux et celles qui passent leur temps à lutter contre l'Occupation, pendant que d'autres profitent de la situation pour leur plaisir personnel, ça me révolte. La jeunesse d'aujourd'hui… elle ne vaut pas mieux que ces poubelles.

CLÉMENTINE. – Et vous, mon pauvre Fernand, vous avez leur odeur.

FERNAND. – Oh !… Saleté !

Fernand rentre chez lui. Gisèle sort de son appartement.

GISÈLE. – Bonjour, mademoiselle. *(Elle ramasse les poubelles.)*

CLÉMENTINE. – Laissez ces poubelles, Gisèle, ce n'est pas à vous de le faire.

GISÈLE. – Ça ne me dérange pas. Et puis si personne ne le fait, on ne saura plus où marcher. Oh ! il fait chaud ! Les nuits sont très fraîches, mais dès que le soleil est là on étouffe. Je vais ouvrir la fenêtre, la toile de M. Letours séchera mieux. Vous avez l'air fatigué, ma pauvre fille.

CLÉMENTINE. – Je travaille beaucoup en ce moment. Et je n'ai pas assez dormi.

GISÈLE. – Moi non plus. Après le vacarme de cette nuit… À chaque fois qu'une dispute éclate, mes tympans manquent d'exploser. Enfin, que voulez-vous ? Ils ne sont pas méchants. Nous sommes tous sous pression par les temps qui courent, je comprends que l'on puisse être irritable.

Aglaé sort de son appartement.

AGLAÉ. – Ah ! Gisèle ! Prenez donc mes poubelles, ça m'évitera de les descendre.

CLÉMENTINE. – On dit bonjour, malpolie.

AGLAÉ. – Qu'est-ce qu'il a de bon, ce jour ? Gisèle, pensez à prendre mon courrier, hier vous avez oublié.

GISÈLE. – Oh ! pardon ! Ça m'est sorti de la tête.

AGLAÉ. – Cela fait deux fois cette semaine. C'est une habitude qui devient bien fâcheuse. Surtout que vous n'avez que ça à penser. On ne peut donc compter sur personne…

GISÈLE. – Je vais vous le chercher.

CLÉMENTINE. – Aglaé, vous ne savez plus marcher ?

AGLAÉ. – Vous savez très bien que j'ai peur de m'absenter. Il est hors de question que je descende au local à ordures et laisser mon appartement sans surveillance. Les vols se multiplient en ce moment.

GISÈLE. – Eh bien, je vais vous le surveiller votre appartement jusqu'à ce que vous remontiez.

AGLAÉ. – Non merci. Personne ne s'approche de mon appartement. Et puis descendre les poubelles est une activité qui vous sied mieux. Allons, ma fille, il n'est déjà plus de bonne heure.

GISÈLE. – Je me dépêche. À tout de suite.

Gisèle descend.

AGLAÉ, *à Clémentine*. – Pourquoi me regardez-vous comme ça ? Elle m'offre son aide, je ne vais pas la refuser.

CLÉMENTINE. – Tirer profit des gens serviables, c'est tout à fait vous.

AGLAÉ. – Les gens serviables ne le sont que parce qu'ils ont quelque chose à se reprocher. Et puis ça l'occupe, elle ne fait rien de ses journées.

Clémentine s'en va. Lucien sort de son appartement.

TABLEAU 3
L'invitation

LUCIEN, *sortant de son appartement.* – Gilberte !

AGLAÉ. – Allons bon, il ne manquait plus que lui.

LUCIEN. – Gilberte !

AGLAÉ. – Arrêtez de crier, vous m'irritez. Et éloignez-vous de ma porte !

LUCIEN. – Où est-elle ?

AGLAÉ. – Qui donc ?

LUCIEN. – Ne faites pas l'innocente, je viens de l'entendre.

AGLAÉ. – Vous avez rêvé. Une fois de plus.

LUCIEN. – Ça vous ferait trop plaisir. Gilberte !… Elle est certainement redescendue. Au lieu de rester plantée sur le palier, bougez-vous et allez voir à la fenêtre de votre cuisine, elle donne sur la rue.

AGLAÉ. – La rue est déserte.

LUCIEN. – Qu'est-ce que vous en savez ? Allez voir.

AGLAÉ. – C'est inutile, je vous dis, elle ne sera pas dans la rue.

LUCIEN. – Laissez-moi vérifier.

AGLAÉ. – Certainement pas. Personne n'entre chez moi, surtout pas vous.

LUCIEN. – Je vais voir dehors.

AGLAÉ. – Vous n'allez pas sortir en robe de chambre, et puis il est encore tôt. Retournez au lit.

LUCIEN. – Gilberte ! Gilberte !

PIERRE, *off*. – Oh ! mais qui est-ce qui hurle comme ça ?

AGLAÉ. – C'est Lucien, il refait une crise !

PIERRE, *off*. – C'est pas mon problème, faites-le taire !

LUCIEN. – Je le savais. Je savais qu'elle allait revenir ! Elle ne pouvait pas se passer de moi. Gilberte !

PAULETTE, *off*. – Oh ! mais il va la fermer, lui ?

AGLAÉ. – Allez, rentrez vite ou je vais avoir des ennuis à cause de vous !

LUCIEN. – C'est de ma faute, j'aurais dû laisser ma porte ouverte. Elle serait rentrée. Il faut que je la voie.

AGLAÉ. – Mais vous allez la voir ! Allez, rentrez !

LUCIEN. – Quand ?

AGLAÉ. – Bientôt.

LUCIEN. – Vous en savez plus que moi, j'en suis sûre, et vous ne voulez rien me dire. Parce que vous êtes jalouse !

AGLAÉ. – Jalouse de qui ? De vous ? C'est ridicule !

LUCIEN. – Je vois clair dans votre jeu. Vous êtes jalouse, parce que Gilberte m'aime encore, et qu'elle est revenue pour moi. Et elle est revenue, comme vous aimeriez que votre mari revienne. Et ça, ça vous fait crever de jalousie.

AGLAÉ. – Mon mari est six pieds sous terre, je vois mal comment il pourrait revenir…

LUCIEN. – Qu'est-ce qu'elle vous a dit ?

AGLAÉ. – Oh… euh… rien, qu'elle repassera… voilà…

LUCIEN. – Elle est peut-être encore dans l'ascenseur.

AGLAÉ. – On n'a pas d'ascenseur, Lucien ! Arrêtez votre comédie maintenant ou je pique une crise !

LUCIEN. – Gilberte !

PIERRE, *off.* – Mais faites-le taire, je travaille !

AGLAÉ. – Je fais ce que je peux, je ne suis pas infirmière !

LUCIEN. – Si vous l'avez vue, comment est-elle ? Elle est toujours aussi jolie ?

AGLAÉ. – Eh bien… disons qu'elle n'est pas plus laide. Oh ! j'y pense ! Elle m'a dit qu'elle voulait vous téléphoner. Rentrez vite, sinon vous allez rater son appel. Vous ne voudriez pas la vexer ?

LUCIEN. – Oh non ! Pas ma Gilberte !

AGLAÉ. – Alors rentrez vite !

LUCIEN. – Je rentre, oui… Je rentre et j'attends son appel. *(Il rentre chez lui.)*

AGLAÉ. – Pauvre fou ! Il n'a même pas le téléphone. Comment ces gens peuvent-ils avoir encore une place dans la société ?… Et cette pauvre fille qui met trois heures pour aller chercher le courrier… *(Gisèle revient.)* Ah ! quand même ! J'ai failli attendre.

GISÈLE. – Excusez-moi, j'ai rencontré le concierge. Il part tout à l'heure voir sa maman. Il paraît qu'elle est bien malade et…

AGLAÉ. – Oui, merci Gisèle, je n'ai pas le temps de discuter. Et puis j'ai assez de soucis comme ça, je ne vais pas en plus m'apitoyer sur ceux des autres. Donnez-moi mon courrier.

GISÈLE. – Voilà… Le reste est pour les autres voisins. Je vais les glisser sous leur porte.

ROSELYNE et PAULETTE, *sortant de chez elles*. – Hop hop hop !

ROSELYNE. – Minute papillon !

GISÈLE. – Qu'est-ce qu'il y a ?

PAULETTE. – Faites voir le courrier.

GISÈLE. – Tout n'est pas pour vous !

ROSELYNE. – Justement.

Roselyne et Paulette regardent le courrier à travers la lumière.

GISÈLE. – Je ne sais pas si c'est très convenable de lire tous les jours le courrier des autres…

PAULETTE. – On ne fait rien de mal, on s'informe.

ROSELYNE, *à Paulette*. – Moi j'ai une lettre pour Pierre.

PAULETTE. – Encore ? Il en reçoit tous les jours ! À croire qu'il s'écrit lui-même pour nous faire croire qu'il a des amis.

ROSELYNE. – C'est son éditeur… Rien de bien croustillant. Vous avez quoi de votre côté ?

AGLAÉ. – Arrêtez ça, voulez-vous !

PAULETTE. – Pour Lucien ; une lettre de son médecin. Je ne comprends rien. C'est bien la peine d'avoir fait autant d'études pour écrire si mal. C'est indéchiffrable. Et celle-là… Oh! c'est une lettre pour Clémentine!

ROSELYNE. – C'est son homme?

PAULETTE. – Sans doute… Oh! c'est mal écrit!

ROSELYNE. – Tous les Boches écrivent mal.

PAULETTE. – « Rendez-vous ce soir place du Ralliement. » Je m'en doutais! Oh! la teigne! Elle va le retrouver ce soir.

PAULETTE. – Pour quoi faire?

ROSELYNE. – À votre avis? Pour enfiler des perles, peut-être?

GISÈLE. – Puisque vous avez le courrier, regardez bien, il y a une lettre un peu spéciale pour chaque voisin. Pour vous aussi, Aglaé.

AGLAÉ. – Vraiment?… Il n'y a pas de timbre… Mais c'est votre écriture sur l'enveloppe! Qu'est-ce que c'est que cette fantaisie?

GISÈLE. – Ouvrez-la quand je serai partie. C'est une surprise…

Gisèle rentre chez elle.

AGLAÉ. – Qu'est-ce qu'elle a?

ROSELYNE. – Elle nous annonce peut-être qu'elle déménage.

PAULETTE. – Ou qu'elle se marie!

ROSELYNE. – Ne soyez pas ridicule! Mariée, elle? Avec la tête qu'elle a?

PAULETTE, *à Roselyne*. – Vous vous êtes bien mariée, vous.

AGLAÉ. – Si vous voulez mon avis…

ROSELYNE et PAULETTE. – Non.

AGLAÉ. – Vous l'aurez quand même ! Si vous voulez mon avis, elle nous demande de lui prêter de l'argent.

ROSELYNE. – Elle n'oserait pas !

PAULETTE. – Et pourquoi pas ? Elle m'a bien demandé du pain, l'autre jour. Remarquez, ça m'a bien arrangée, je lui ai donné mon croûton, j'aime pas ça.

ROSELYNE. – Ouvrons-les, nous serons fixées.

PAULETTE. – Ah non !

AGLAÉ. – C'est personnel. Je vais l'ouvrir chez moi. Et n'en profitez pas pour regarder par le trou de ma serrure !

ROSELYNE. – Qui, nous ? *(Aglaé rentre chez elle.)* De toute façon, elle a bouché sa serrure avec un mouchoir. Paulette !

PAULETTE. – Quoi ?

ROSELYNE. – Vous ne comptez quand même pas rentrer avec le courrier des voisins ?

PAULETTE. – Hein ?… Enfin, mais pour qui me prenez-vous ? J'allais les mettre aux portes.

ROSELYNE. – Alors, allez-y ! Et vous serez gentille de me rendre mon paillasson. Ça fait trois fois que vous me le chipez en douce depuis le mois dernier.

PAULETTE. – Ne jouez pas à ça avec moi, d'autant qu'à l'origine, vous l'aviez piqué à Gisèle.

ROSELYNE. – Moi ? Jamais je n'aurais fait ça. Je ne suis pas une voleuse.

PAULETTE. – Et la carte postale que vous avez fait encadrer au-dessus de votre cuisinière ?

ROSELYNE. – Eh bien, qu'est-ce qu'elle a ?

PAULETTE. – Elle était pour moi, vous me l'avez piquée.

ROSELYNE. – Vous l'auriez mise aux ordures de toute façon. C'était une carte de votre cousin, vous ne pouvez pas le voir en peinture. Allez, déposez le courrier et rentrez chez vous.

Elle le dépose et toutes les deux rentrent chez elles. Fernand sort de son appartement, l'invitation de Gisèle à la main, et va frapper chez elle.

FERNAND. – Gisèle ! Ouvrez ! *(Gisèle ouvre.)* Qu'est-ce que c'est que cette plaisanterie ?

GISÈLE. – Oh non ! Fernand, je suis sérieuse.

FERNAND. – Vous n'y pensez pas ? Qu'est-ce que vous voulez que je fasse de cette invitation ?

GISÈLE. – Fernand, soyez chic, ça peut être sympathique !

FERNAND. – Qui est invité ?

GISÈLE. – Tout le monde !

FERNAND. – Ma pauvre fille, vous êtes complètement à la ramasse ! Ou alors vous le faites exprès. Mais enfin, où vous croyez-vous ? Vous pensez vraiment que toutes ces punaises vont accepter votre invitation ?

GISÈLE. – Pourquoi pas ? Ce serait un premier pas.

FERNAND. – Vers quoi ?

GISÈLE. – Une certaine entente…

FERNAND. – Vous êtes tellement naïve ! Vous me faites de la peine. Si on était faits pour s'entendre, il y a belle lurette que nous serions tous à marcher main dans la main. La haine prend trop de place à cet étage pour en accorder à une « certaine entente » comme vous dites. On peut à peine se supporter… Vous verrez. Ils trouveront tous une excuse pour ne pas venir.

GISÈLE. – On peut essayer.

FERNAND. – Et où voulez-vous faire cette petite fête ?

GISÈLE. – Chez moi.

FERNAND. – Dans votre gourbi ? Alors que vous-même vous ne pouvez pas vous y retourner !

Aglaé sort de son appartement, l'invitation à la main.

AGLAÉ. – Gisèle ! Qu'est-ce que cela signifie ?

GISÈLE. – C'est pourtant clair : je vous invite demain soir pour mon anniversaire.

AGLAÉ. – Charmant. C'est très aimable à vous. *(Elle regarde Fernand.)* J'imagine que tout le monde est invité.

FERNAND. – Oui, tous les sept.

AGLAÉ. – Je suis désolée, Gisèle, mais je dois décliner votre invitation. Demain, je suis absente.

FERNAND. – Oh ! quel événement ! Aglaé abandonne son bel appartement !

AGLAÉ. – Une fois n'est pas coutume. Gisèle, une prochaine fois peut-être.

GISÈLE. – Bon. Je viendrai vous apporter un bout de gâteau après-demain.

AGLAÉ. – C'est inutile. Je digère mal les pâtisseries.

GISÈLE. – Bon, alors passez prendre le thé demain après-midi !

AGLAÉ. – C'est ça… Prendre le thé… *(Elle rentre chez elle.)*

FERNAND. – Qu'est-ce que je vous disais ?

GISÈLE. – Je vais demander aux autres. *(Elle frappe chez Lucien.)*

LUCIEN, *off.* – Gilberte ? C'est toi ?

GISÈLE. – Non, c'est Gisèle.

LUCIEN, *off.* – Qui ?

GISÈLE. – Gisèle, votre voisine. Vous avez reçu mon invitation ?

LUCIEN, *off.* – Oui, mais demain je ne suis pas là. Une prochaine fois !

Gisèle va voir chez Pierre.

PIERRE, *ouvrant violemment.* – Qu'est-ce qu'il vous arrive, vous ?

GISÈLE. – Désolée de vous réveiller…

PIERRE. – Hein ?… Ah non ! Du tout ! Je travaillais sur mon roman.

FERNAND. – Ça y est, vous avez enfin fini d'écrire la première phrase ?

PIERRE, *à Fernand.* – Je vous ai demandé l'heure, à vous ?

GISÈLE. – Vous n'avez sans doute pas lu mon invitation pour mon anniversaire !

PIERRE. – Non, je… C'est quand ?

GISÈLE. – Demain soir.

PIERRE. – Je suis absent demain, j'ai un rendez-vous très important.

FERNAND. – Au bar, sans doute…

GISÈLE. – Alors passez faire un petit coucou cinq minutes juste avant de partir !

PIERRE. – On verra. Excusez-moi, je dois travailler.

FERNAND. – Suivante !

Gisèle frappe chez Paulette.

PAULETTE, *off*. – Pas là demain !

Gisèle s'apprête à frapper chez Roselyne.

ROSELYNE, *off*. – Moi non plus !

FERNAND. – « Gisèle ou l'Art de se rendre ridicule ». Vous voyez ! C'est peine perdue. Il faut vous résigner. Ce n'est pas avec un petit bout de gâteau que vous changerez la face du monde. Il faut vous attendre à le manger toute seule. Bon, assez plaisanté, j'ai assez perdu de temps comme ça, j'ai une autre toile à finir.

GISÈLE. – Oh ! je peux vous regarder peindre ?

FERNAND. – J'ai horreur que l'on me regarde créer. Et puis je crains qu'en matière artistique, vous n'y compreniez que pouic. Vous serez gentille en revanche de surveiller cette toile. Je préfère qu'elle sèche sur le palier, c'est mieux ventilé. Mais prenez garde à ce que personne n'y touche. Dès qu'elle sera sèche, prévenez-moi. Oh ! et Gisèle, bon anniversaire ! *(Il rentre.)*

Gisèle reste seule. Elle semble très attristée. Puis il lui vient une idée et elle rentre chez elle avec empressement.

NOIR

TABLEAU 4

Le soir du 28 mai 1944

Gisèle écoute de la musique tout en installant sur le palier une petite table, des verres, de la boisson et un gâteau.

LUCIEN, *sortant de son appartement.* – Mais qu'est-ce que c'est que ça ? C'est l'Armistice ?

GISÈLE. – Non. J'ai eu une idée ce matin. Comme personne ne pouvait venir demain, j'ai décidé de fêter mon anniversaire ce soir.

LUCIEN. – Ici ? Sur le palier ?

GISÈLE. – Fernand a raison, c'est trop petit chez moi. Et puis ici, c'est un terrain neutre.

ROSELYNE, *sortant de son appartement.* – Allons bon ! Qu'est-ce que c'est que ça ?

PAULETTE, *sortant de son appartement.* – Quoi ? Quoi ?

LUCIEN. – Gisèle fête son anniversaire !

PAULETTE. – Ce soir ?

GISÈLE. – Personne ne pouvait venir demain.

Paulette. – Mais moi ce soir… je suis malade… je me sens trop faible…

Roselyne. – Moi j'ai du tricot, et j'ai prévu de me coucher de bonne heure.

Gisèle. – On se couchera tôt, promis. Allez, venez, ne soyez pas rosses ! J'ai tout préparé. C'est l'affaire de cinq ou dix minutes.

Roselyne. – Il y a du gâteau ?

Gisèle. – Au chocolat. Du vrai chocolat.

Roselyne. – Bon, je reste deux petites minutes.

Paulette. – Et les autres, pourquoi ils ne sont pas obligés de venir ?

Gisèle. – Ils arrivent, j'ai réussi à les décider.

Lucien. – Alors là ! Le ciel va nous tomber sur la tête !

Paulette. – Pour vous c'est déjà fait.

Lucien. – Ça c'est petit…

Gisèle. – Je leur ai dit que je ferai leurs courses tous les matins s'ils acceptaient mon invitation. *(Clémentine sort de son appartement.)* Ah ! Clémentine, venez trinquer avec nous !

Clémentine. – Merci Gisèle, mais je dois partir… Je suis très en retard.

Paulette. – Roselyne, notez l'heure de départ.

Gisèle. – Cinq minutes, pour me faire plaisir ! Regardez, tout est prêt et il ne manque bientôt plus que vous.

Clémentine. – Bon, mais rapidement…

Aglaé, Pierre et Fernand arrivent.

FERNAND, *très froid*. – Messieurs-dames…

TOUS, *aussi froids*. – Bonsoir…

GISÈLE. – Bon, on est tous là !

PIERRE. – Oui…

PAULETTE. – Quel miracle !

GISÈLE. – Allons, rapprochons-nous et buvons !

PIERRE. – C'est ça… Buvons.

GISÈLE. – Ensemble, chantons ! « Joyeux anniversaire… »

Tous chantent sans conviction.

ROSELYNE. – Et le gâteau, il vient quand ?

GISÈLE. – Oh ! il est là ! Voilà ! Alors nous sommes…

CLÉMENTINE. – … huit, Gisèle. *(Elle coupe le gâteau.)*

PIERRE. – J'espère que vous vous êtes lavé les mains avant de faire le gâteau.

AGLAÉ. – Il me paraît bien sec.

FERNAND. – Oui…

ROSELYNE. – Il est même un peu brûlé, non ?

GISÈLE. – Vous croyez ? J'espère qu'il est bon. Il faut dire que c'est vraiment difficile de faire de la bonne cuisine avec les produits que l'on trouve en ce moment sur les étals. Heureusement, ma sœur a réussi à m'envoyer du vrai cacao. Ils en ont en grande quantité dans leur communauté.

AGLAÉ. – Vous avez une sœur ?

GISÈLE. – Oui. Elle est religieuse à la Providence de la Pommeraye. D'ailleurs, en parlant d'elles, j'ai entendu dire qu'elles cacheraient des résistants recherchés par la Gestapo.

PAULETTE. – Elles les cachent où ? Sous leurs robes ?

CLÉMENTINE. – C'est incroyable ! Comment savez-vous ça ? Qui s'y cache exactement ?

PAULETTE. – En quoi ça peut vous intéresser, vous ?

CLÉMENTINE. – C'était pour parler, c'est tout…

ROSELYNE. – Attendez ! Je peux savoir pourquoi les parts sont inégales ?

GISÈLE. – Inégales ?

AGLAÉ. – Oui, regardez, Lucien a une plus grosse part.

PIERRE. – Mais c'est vrai ! En quel honneur ?

GISÈLE. – Non, elle est aussi grosse que les autres !

ROSELYNE. – Je n'ai pas la berlue, elle est plus grosse, et la mienne c'est la plus petite !

CLÉMENTINE. – Et alors ? Vous n'avez pas besoin d'une grosse part, vous, avec les réserves que vous avez…

ROSELYNE. – Répétez !

LUCIEN. – Ma part est plus grosse, c'est vrai, mais c'est justifié.

AGLAÉ. – Ah oui ?

PAULETTE. – Et pourquoi ?

LUCIEN. – Parce que je la partage avec Gilberte. Elle en mangera un bout quand elle rentrera.

Pierre. – Les souris auront mille fois le temps de la manger avant qu'elle ne rentre.

Aglaé. – Et comme elle ne rentrera jamais… Donnez-moi ça ! *(Elle prend la part.)*

Paulette. – Vous êtes gonflée !

Fernand. – Je croyais que vous ne pouviez pas digérer les gâteaux ?

Aglaé. – C'est vrai. Sauf ceux au chocolat.

Pierre. – C'est malhonnête ! Et nous ?

Aglaé. – Vous mangerez mes miettes.

Paulette. – Ça c'est trop fort ! Espèce d'égoïste ! *(Elle lui jette son verre à la figure.)*

Aglaé. – Vous êtes devenue folle ? Sur mon chemisier en soie !

Paulette. – C'est bien fait ! Vous n'avez qu'à me donner un bout de cette part !

Fernand. – Moi aussi j'y ai droit ! Donnez !

Lucien. – C'était la mienne !

Gisèle. – Allons, du calme !

Clémentine. – Allez, Aglaé, ne faites pas l'enfant !

Paulette. – Donnez cette part ou je vous mords le bras !

Lucien, *volant et avalant toute la part*. – Trop tard !

Tous. – Oh !

Pierre. – Je vais vous la faire cracher, moi, votre part !

Roselyne. – Paulette, ouvrez-lui le gosier !

AGLAÉ. – Crachez ça tout de suite !

Une alerte se fait entendre.

LUCIEN. – Qu'est-ce que c'est ?

CLÉMENTINE. – C'est clair, c'est une alerte.

ROSELYNE. – À cette heure-ci ?

AGLAÉ. – Non, ça doit être autre chose.

PAULETTE. – C'est l'alarme des pompiers, sans doute…

LUCIEN, *regardant par la fenêtre.* – Regardez dehors, un feu d'artifice !

FERNAND. – Pour célébrer quoi ?

CLÉMENTINE. – On dirait plutôt des fusées…

LUCIEN. – C'est magnifique. Regardez, tout le monde sort dans la rue ! Je descendrais bien aussi.

AGLAÉ. – Non, restez là, vous. On a un compte à régler.

CLÉMENTINE. – Mais qu'est-ce qu'il se passe ?

Des bruits d'avions se font entendre. Le sifflement d'une bombe survient. Elle frappe l'immeuble.
Noir.
On entend les bruits d'un bombardement dans le noir : avions, bombes, explosions… Puis tout redevient calme.

TABLEAU 5
Entre quatre murs

Quelques minutes après le bombardement. Lumière sur le palier envahi par la poussière. Quelques briques et morceaux de vieilles poutres sont éparpillés au sol. Tout le monde est encore sous le coup de l'émotion. Fernand est inconscient. Clémentine tente en vain de le réveiller. Lucien aussi est assommé, « caché » sous le tableau de Fernand.

CLÉMENTINE. – Allons, Fernand, réveillez-vous ! Allez, debout !

GISÈLE. – Qu'est-ce qu'on va faire ? Ça fait dix minutes qu'il est inconscient. On ne peut pas le laisser dans cet état !

CLÉMENTINE, *à Pierre.* – Vous, là ! Au lieu de finir les fonds de verres, venez nous aider !

AGLAÉ. – J'ai une idée. Laissez-moi faire. *(Elle lui donne une gifle. Fernand se réveille.)*

FERNAND. – Que s'est-il passé ?

CLÉMENTINE. – Ils ont bombardé la ville. L'immeuble a été touché.

FERNAND. – Comment ? Et… *(Voulant bouger.)* Aïe !

PAULETTE. – Ne bougez pas, imbécile ! Vous voyez bien que vous êtes blessé !

PIERRE. – Ce n'est rien, c'est une poutre qui a écrasé votre jambe.

FERNAND. – Comment ça, ce n'est rien ? Vous plaisantez ? Je ne sens plus ma jambe, et elle est tout enflée ! Qui m'a fait ce bandage ?

CLÉMENTINE. – C'est moi.

FERNAND. – Mais c'est n'importe quoi ! C'est beaucoup trop serré, vous allez me couper le sang !

GISÈLE. – Elle voulait juste vous aider.

FERNAND. – Quand on ne sait pas aider, on s'abstient. Regardez-moi ça, il est bon à refaire. Bon, aidez-moi à me relever, que je rentre chez moi. Je dois avoir des bandelettes dans un tiroir.

ROSELYNE. – Il n'y a plus de chez-vous, ni de chez-nous ! Le plafond s'est effondré, toutes nos portes sont bloquées. Il n'y a plus que ce foutu palier qui tient debout !

FERNAND. – Quoi ?!

PIERRE. – Vous êtes sourd ? On ne peut plus rentrer chez nous. Tout s'est écroulé.

FERNAND. – Oh non ! Non ! Mon appartement ! Mes toiles !

ROSELYNE. – Eh oui… Kapout vos croûtes.

PAULETTE. – En parlant de croûte, où est Lucien ?

GISÈLE. – Vous avez raison, où est-il ? Quelqu'un l'a vu depuis le bombardement ?

CLÉMENTINE. – Pas moi, en tout cas.

ROSELYNE. – Lucien ?

PIERRE. – Lucien ?

GISÈLE. – Pourvu qu'il ne lui soit rien arrivé !

Paulette soulève le tableau. Apparaît alors Lucien.

PAULETTE. – Il est là ! Lucien, vous pourriez répondre quand on vous appelle !

GISÈLE. – Lucien, tout va bien ?

LUCIEN. – Oui…

FERNAND. – Oh ! merde ! Mon tableau ! Regardez ce que vous avez fait ! Il est déchiré !

ROSELYNE. – Attention, marchez doucement par ici, le sol est sensible… Il faut sortir d'ici.

PAULETTE. – Et comment ? Le plafond de l'escalier s'est effondré. Les marches ne sont plus accessibles.

LUCIEN. – Et par la fenêtre ?

PAULETTE. – On est au cinquième étage, Lucien. Mais si ça vous dit, passez devant, je vous regarde.

FERNAND. – Mais qu'est-ce que je vais devenir ?

CLÉMENTINE. – On va certainement venir nous chercher.

AGLAÉ. – Nous chercher ! Vous croyez vraiment qu'ils n'ont que ça à faire ? Regardez par la fenêtre !

GISÈLE, *regardant par la fenêtre*. – Tout le quartier est en flammes… Regardez, la gare est en ruines. Quel malheur ! Un soir de communion, en plus.

CLÉMENTINE. – Regardez, il y a le feu aussi dans le pensionnat.

PAULETTE, *criant par la fenêtre*. – Au secours ! Il y a quelqu'un ? Je suis coincée ! Est-ce que quelqu'un m'entend ?

PIERRE. – Pas trop près de la fenêtre, la façade menace de tomber. Et arrêtez de crier, ça fait trembler les murs.

PAULETTE, *criant toujours*. – Appelez des secours ! Vous m'entendez ? Eh ! je suis coincée !

PIERRE. – Arrêtez, je vous dis !

PAULETTE. – Moi, je vous dis merde.

GISÈLE. – Et si on mettait une banderole de S.O.S. ?

CLÉMENTINE. – Avec la fumée, elle passerait inaperçue.

LUCIEN. – J'espère que Gilberte n'a pas été blessée.

FERNAND. – Je suis bloqué… ici… avec vous… C'est un cauchemar !

AGLAÉ. – Vous croyez que ça me fait plaisir, à moi aussi ?

CLÉMENTINE. – Au moins, nous sommes en vie, estimez-vous heureux.

LUCIEN. – En vie ? Pour combien de temps ? On n'a rien à boire, rien à manger !

ROSELYNE. – Il vous reste des miettes par terre de votre grosse part de gâteau que vous vous êtes enfilée. Vous n'avez qu'à les picorer.

GISÈLE. – Je vous en prie, ne recommencez pas, ce n'est pas le moment.

PIERRE. – C'est le moment de quoi ?

GISÈLE. – Je ne sais pas, de… trouver une solution.

CLÉMENTINE. – Il n'y a pas de solution. On va rester ici jusqu'à ce que l'on vienne nous chercher.

FERNAND. – Nous chercher ! Vous croyez vraiment qu'on va venir nous secourir ? Regardez l'état de la ville. Qui se soucie de huit pauvres âmes bloquées au cinquième étage d'un immeuble alors que la ville entière brûle ?

CLÉMENTINE. – Le tout est de rester calme et patient. Faites-moi confiance, on va venir nous chercher.

Lucien suffoque.

AGLAÉ. – Allons bon, qu'est-ce qu'il a, lui, maintenant ?

GISÈLE. – Lucien, ça ne va pas ?

LUCIEN. – Je… Ah…

AGLAÉ. – Lucien ! Voulez-vous arrêter de glousser ? J'ai mal à la tête.

GISÈLE. – Il va mal. Je pense qu'il fait une crise de claustrophobie.

ROSELYNE. – Regardez, il change de couleur !

PAULETTE. – C'est impressionnant !

CLÉMENTINE. – Aidez-le au lieu de le regarder comme une bête curieuse ! Tenez-lui les bras. Allez. On va le mettre près de la fenêtre.

PIERRE. – Non, ça va s'écrouler ! On va le mettre sur la table. Allez, soulevez !

AGLAÉ. – Ne comptez pas sur moi pour poser ne serait-ce qu'un doigt sur le corps de ce vieux débris.

GISÈLE. – Allez, vous autres, on y va.

Ils soulèvent Lucien.

CLÉMENTINE. – Il faut qu'il prenne l'air. Ventilez-le, allez !

AGLAÉ. – Oui, bah je ventile !

CLÉMENTINE. – Pas vers vous, vers lui !

GISÈLE. – Là… Calmez-vous, Lucien. Vous m'entendez ?

CLÉMENTINE. – Vous pouvez parler ?

LUCIEN. – Gi… Gi…

FERNAND. – Gi… quoi ?

LUCIEN. – Gi… Gi…

AGLAÉ. – Eh bien, quoi ?

LUCIEN. – Gilberte…

PIERRE. – Il y avait longtemps !

GISÈLE. – Vous allez mieux, Lucien ?

LUCIEN. – Je… ne veux pas… rester ici… avec vous…

GISÈLE. – Je sais bien, mon pauvre Lucien, mais dans un premier temps, on ne peut rien faire.

CLÉMENTINE. – Si ! On peut essayer de s'organiser.

PAULETTE. – S'organiser ? C'est ça, madame je-sais-tout. Alors dites-nous ce qu'on peut faire…

CLÉMENTINE. – On risque d'être bloqués pendant quelque temps, alors on va tâcher de trouver dans les débris de la cage d'escalier, des choses qui peuvent nous servir.

AGLAÉ. – C'est ridicule.

CLÉMENTINE. – Si vous avez peur d'écorcher vos ongles, Aglaé, alors restez ici.

AGLAÉ. – Oui, je préfère économiser mes forces pour des tâches plus utiles.

CLÉMENTINE. – Les autres, venez avec moi.

LUCIEN. – Je veux vous aider.

PIERRE. – Ah non ! Pas vous !

LUCIEN. – Si, si, je me sens mieux. Je veux participer.

CLÉMENTINE. – Alors, allons-y.

FERNAND. – À vos ordres, « Herr General ». Et ne m'aidez pas à marcher, surtout.

Tous sortent vers la cage d'escalier. Aglaé reste seule et, après quelques tentatives, parvient à rentrer chez elle. Elle revient avec une couverture et de l'eau qu'elle cache sous des débris et referme soigneusement sa porte. Les autres reviennent.

AGLAÉ. – Alors ?

PAULETTE. – J'ai trouvé un morceau de pain et un bonnet.

ROSELYNE. – Moi des compresses. Ça devait être à la petite grosse du dessus. Elle était infirmière à Saint-Louis.

FERNAND. – Moi j'ai quelques biscuits, un châle et un gant.

CLÉMENTINE. – J'ai un petit sachet de sucre et un coussin.

PIERRE. – Une écharpe et une bouteille… vide.

GISÈLE. – Moi j'ai des allumettes et une bougie. Lucien, qu'est-ce que vous avez trouvé ?

Lucien montre une gaine.

AGLAÉ. – Lucien, pourrais-je savoir en quoi une gaine peut servir ? Vous comptez l'utiliser comme parachute en sautant par la fenêtre ?

Gisèle. – Au moins, il a aidé à chercher quelque chose.

Aglaé. – Je n'ai pas eu besoin de fouiner comme des rats à la recherche de vivres. Je viens de trouver une couverture simplement en regardant autour de moi. Et puisqu'elle était devant ma porte, elle m'appartient.

Paulette. – D'où elle sort cette couverture ?

Aglaé. – Qu'est-ce que ça peut faire ? Elle est à moi maintenant.

Clémentine. – Gardez-la. Pour le reste, mettons tout en commun.

Pierre. – Comment ça, en commun ?

Fernand. – Vous ne croyez pas que l'on va partager ?

Paulette. – Ah non !

Fernand. – Chacun ses affaires. Débrouillez-vous tout seuls. D'ailleurs, vous êtes devant ma porte, Aglaé !

Aglaé. – Et alors ?

Fernand. – Et alors, c'est mon coin, ma bulle, mon refuge, mon chez-moi… provisoire.

Paulette. – Parfait ! Dans ces cas-là, ici, c'est mon coin.

Roselyne. – Le mien est ici.

Lucien. – Chacun décide de son coin !

Chacun délimite son espace avec des débris devant sa porte.

Clémentine. – Vous êtes ridicules ! À quoi jouez-vous ? Ce n'est pas le moment de se séparer. On ne pourra jamais cohabiter si on ne se serre pas les coudes ; alors rapprochez-vous !

Aglaé. – Allez au diable, Clémentine ! Je ne suis pas une de vos élèves à qui vous donnez des ordres. Et j'ai passé l'âge d'être menée à la baguette, surtout par vous.

CLÉMENTINE. – Faites ce que vous voulez. Crevez toute seule si le cœur vous en dit. Nous autres, nous allons nous unir ! *(Silence, personne ne semble adhérer à ses propos.)* Jamais je n'aurais cru que vous étiez aussi égoïstes, même dans un moment comme celui-ci.

PAULETTE. – Moi, je suis égoïste ?

CLÉMENTINE. – Parfaitement ! Puérile et égoïste !

PAULETTE. – Alors là, c'est la goutte d'eau ! Qu'est-ce que vous en savez ? Égoïste, moi qui ai aidé les infirmières à l'hôpital au début de la guerre à soigner les blessés ? Pendant des jours, j'ai transpiré comme une ouvrière pour les soulager !

CLÉMENTINE. – Et qu'est-ce qu'il vous en reste ?

PAULETTE. – Pour qui tu te prends ? Ce n'est pas une gamine qui n'a rien connu de la vie et qui fricote avec l'ennemi qui va me donner des leçons !

CLÉMENTINE. – Qu'est-ce que vous avez dit ?

PAULETTE. – Si vous êtes si sûre de vous, sortez d'ici et trouvez de l'aide ! Allez à la préfecture trouver M. Vasseur !

ROSELYNE. – Qui ?

PAULETTE. – Vasseur, le chef de la Gestapo. C'est sans doute un de vos amis !

GISÈLE. – Paulette, qu'est-ce qu'il vous prend ?

PAULETTE. – Il me prend que je ne supporte plus de voir cette pimbêche nous donner des ordres alors qu'elle fricote avec un Allemand !

AGLAÉ. – Qu'est-ce que vous dites ?

PAULETTE. – La vérité ! Depuis des semaines, je l'observe, tous les soirs, elle va le rejoindre !

CLÉMENTINE. – Vous m'observez ? Vous entendez ça, Roselyne ?

ROSELYNE. – Moi, j'ai rien à faire là-dedans…

FERNAND. – Taisez-vous, bon sang ! Je n'ai aucune envie de vous entendre une seconde de plus.

CLÉMENTINE. – C'est ça. On va rester bien sagement chacun dans son coin à crever comme des animaux en cage…

PIERRE. – La paix ! Les traîtres n'ont pas voix au chapitre.

FERNAND. – Me retrouver bloqué avec sept enragés. Il a fallu que ça tombe sur moi !

LUCIEN. – Quelle heure est-il ?

FERNAND. – Qu'est-ce que ça peut faire ?

LUCIEN. – C'est juste que je voudrais passer à la poste. Gilberte a oublié de m'appeler, je n'ai pas de nouvelles d'elle. La pauvre petite, elle doit être complètement perdue. Elle doit avoir besoin de moi. Je voudrais lui envoyer un télégramme pour savoir si elle va bien.

AGLAÉ. – Voilà autre chose ! Et à quelle adresse voulez-vous le lui envoyer ?

LUCIEN. – À la clinique. Elle est partie soigner des malades.

PIERRE. – Et vous ne croyez pas que depuis le temps qu'elle est partie, vous ne devriez pas vous faire une raison ?

LUCIEN. – Elle met un peu de temps, c'est vrai… mais elle n'a jamais eu le sens de l'orientation. Et si en plus le bombardement a rendu les rues impraticables…

AGLAÉ. – Pauvre Lucien! C'est bien triste… Mon dieu, ce que j'ai soif! J'ai la bouche pleine de poussière.

GISÈLE. – Enlevez les boutons de votre veste et sucez-les, ça vous fera saliver et couper la soif.

AGLAÉ. – Découdre les boutons? Vous savez combien a coûté cette veste? Non, évidemment. Vous, vous n'avez aucune notion de la valeur des belles choses. Vous achetez vos vêtements aux puces, il me semble.

GISÈLE. – Je n'ai pas à en rougir. J'y trouve de jolies choses.

AGLAÉ. – Tous les goûts sont dans la nature.

PIERRE. – Et tous les cons sont sur ce palier.

LUCIEN. – J'ai faim.

PAULETTE. – Vous allez arrêter de vous plaindre chacun votre tour? Mangez la poussière, c'est riche en fibres.

NOIR

TABLEAU 6
Le rat

Silence pesant.

CLÉMENTINE. – Écoutez, on ne va pas rester silencieux pendant des heures… C'est invivable.

FERNAND. – De quoi voulez-vous que l'on parle, enfin?…

CLÉMENTINE. – Je ne sais pas… Personne n'a de sujet de conversation?… Paulette, vous qui aimez les ragots… Il y a bien un petit truc à se mettre sous la dent…

PAULETTE. – Je n'ai pas le cœur à ça. Et puis un ragot ne se partage pas comme ça. Pour le savourer, il faut plus d'intimité, une ambiance chaleureuse dans laquelle les murmures dévoilent les secrets les plus délicats.

FERNAND. – À vous entendre, il faut être poète pour baver sur les gens.

PAULETTE. – Au moins ça m'occupe. Et il y a tellement de choses à dire sur les gens de cet immeuble que ça me prend un temps fou. J'ai pas le temps de m'ennuyer. Évidemment, vous ne pouvez pas comprendre, vous ne faites rien de vos journées.

FERNAND. – Et mes peintures, vous croyez qu'elles se peignent toutes seules ?

CLÉMENTINE. – Vos gribouillages ? Vous plaisantez ! Même Gisèle qui a deux mains gauches pourrait faire la même chose.

FERNAND. – Vous ne comprendrez jamais la peinture. C'est trop compliqué pour vous. L'étroitesse de vos esprits ne pourra jamais décoder la subtilité de mes œuvres et de l'art en général…

PAULETTE. – Faux. Chez moi, j'avais aussi des peintures et je savais les apprécier. Notamment une que j'aimais beaucoup. Deux chiens de chasse se partageant un dindon. Superbe.

ROSELYNE. – Quand je pense à mon petit chez-moi… Mes petits bibelots, mes petits napperons, mes petits meubles, mon petit lit…

CLÉMENTINE. – Arrêtez donc, il était foutu votre lit de toute façon, ce n'est pas une grosse perte. Et votre matelas était tellement mou qu'un jour vous avez manqué de vous étouffer en vous allongeant dessus.

PAULETTE. – Faut dire qu'il a dû supporter une grosse charge depuis des années.

ROSELYNE. – Vous vous insultez toute seule ! Vous savez bien que vous pesez plus lourd que moi.

PAULETTE. – Oui, mais moi, c'est du muscle. Regardez vos bras : on dirait mes cuisses !

AGLAÉ. – Silence !

ROSELYNE. – Si on vous dérange, Aglaé, vous n'avez qu'à vous installer plus loin de nous.

AGLAÉ. – Non, je reste près de ma porte.

PIERRE. – On ne va pas vous la voler votre porte.

LUCIEN. – J'ai faim…

TOUS. – On s'en fout.

GISÈLE, *trouvant une feuille de papier*. – Qu'est-ce que c'est que ça?

PIERRE. – Où avez-vous trouvé ça? C'est à moi, c'est une feuille de mon roman! Elle a dû glisser sous ma porte. Donnez!

GISÈLE. – Je peux lire?

PIERRE. – Pas question!

GISÈLE. – Ne soyez pas timide!

PIERRE. – Ça n'a rien à voir! C'est que je suis en plein travail dessus. Et on a passé ma vie à voler mes idées, alors pour ce livre-là, défense d'y jeter un œil!

CLÉMENTINE. – Depuis le temps que vous avez commencé, on pourrait peut-être savoir au moins de quoi il s'agit.

PIERRE. – Vous n'aurez qu'à l'acheter quand il sera en librairie.

ROSELYNE. – En même temps, si à chaque phrase écrite vous vous sifflez une bouteille, je ne suis pas près de foutre les pieds chez le libraire.

LUCIEN. – Gilberte, elle écrit des poèmes…

ROSELYNE. – Oh! ça recommence! Laissez-la donc, votre Gilberte. Ça nous fera des vacances… Est-ce que je vous parle de mon mari, moi?… Je le laisse en paix, le pauvre.

CLÉMENTINE. – Vous étiez mariée, vous?

ROSELYNE. – Quoi, ça vous étonne?

CLÉMENTINE. – C'est que je vous imaginais vieille fille…

ROSELYNE. – Pour votre gouverne, je me suis mariée à dix-neuf ans avec un chapelier. Il avait onze ans de plus que moi. On s'était rencontrés dans une guinguette. Théodore, il s'appelait… Je l'adorais mon petit Théo.

FERNAND. – Qu'est-ce qu'il est devenu votre mari ?

ROSELYNE. – Il a voulu se promener sur les bords de la Maine un soir qu'il était rond comme une barrique et il est tombé à l'eau. On ne l'a retrouvé que deux jours après.

CLÉMENTINE. – Pour un ivrogne, mourir dans la flotte, ça doit être terrible…

ROSELYNE. – Si c'est pour vous foutre de moi, je ne dis plus rien. Et vous feriez mieux d'en faire autant parce que vos vies, c'est pas du joli joli… Regardez Clémentine, par exemple.

CLÉMENTINE. – Qu'est-ce que j'ai fait encore ?

ROSELYNE. – Ce que vous faites vous regarde, mais je ne serais pas fière d'être votre mère. À sa place, j'aurais honte !

CLÉMENTINE. – Mais je n'ai pas à rougir de ma vie. Pour qui vous vous prenez, vieille morue ?

ROSELYNE. – Ça y est ! Je vais me faire insulter alors que c'est vous qui avez commencé ! Je ne demande rien à personne et une fois de plus vous cherchez les histoires…

CLÉMENTINE. – Ah ! parce que vous êtes une sainte, peut-être ? Vous passez votre temps à me chercher des noises !

ROSELYNE. – Moi ?

CLÉMENTINE. – Tenez, l'autre jour, vous avez mis de la colle sur ma sonnette. Elle a sonné toute la journée ! Ne niez pas, Paulette a tout cafté !

ROSELYNE. – C'était pour me venger. C'est bien vous qui avez poussé les géraniums que j'avais mis sur le rebord de la fenêtre du palier ! Même qu'en bas, il y avait le concierge, il a reçu les potées sur le crâne !

CLÉMENTINE. – Quoi ? Ce n'est pas moi qui ai jeté vos fleurs !

LUCIEN. – Non, c'est moi. Vous n'aviez pas à mettre vos pots sur cette fenêtre, elle ne vous appartient pas. En plus ils étaient pleins de pucerons !

ROSELYNE. – Et alors ? Vous avez bien des puces, vous !

AGLAÉ. – Vous avez des puces ?

FERNAND. – Évidemment, il ne se lave pas…

LUCIEN. – C'est vrai… Je me lave rarement… C'est pour garder l'odeur de Gilberte.

AGLAÉ. – Charmant… Mais maintenant que vous le dites, c'est vrai que je ne vous ai jamais vu avec d'autres vêtements…

CLÉMENTINE. – Depuis quand habitez-vous ici ?

AGLAÉ. – Moi ? J'étais là avant tout le monde. Je vous ai vu emménager un par un jusqu'à votre arrivée l'an dernier.

CLÉMENTINE. – Non, ça fait deux ans. J'ai commencé à enseigner en 42.

GISÈLE. – Vous enseignez depuis deux ans ? Vous m'avez l'air si jeune…

CLÉMENTINE. – J'ai toujours été très douée à l'école. Mes parents ayant une situation très modeste, j'ai tout fait pour réussir ma vie professionnelle.

PAULETTE. – À défaut d'avoir réussi votre vie sentimentale, vu ce que je sais…

CLÉMENTINE. – Et qu'est-ce que vous savez, bon sang ?

GISÈLE. – Ah !!!

TOUS, *sauf Gilberte*. – Quoi ?

GISÈLE. – Il y a une bête… Je crois que c'est un rat.

CLÉMENTINE. – Où ?

GISÈLE. – Là, près de votre coin.

PIERRE. – Vous avez raison, je le vois.

AGLAÉ. – Enlevez-le de ce palier, c'est répugnant ! *(Gisèle tente de le pousser.)* Pas vers moi, idiote, il va me mordre les pieds ! *(Au rat.)* Fiche le camp, allez ! *(Elle le pousse dans le coin de Fernand.)*

FERNAND. – Eh !

> *Fernand le pousse dans le coin de Lucien, qui le lance dans le coin de Pierre, qui le lance dans le coin de Roselyne, qui le lance vers Clémentine.*

CLÉMENTINE. – Ne bougez plus ! *(Elle saute sur le rat.)* Je l'ai !

PAULETTE. – Vous êtes folle ! Qu'est-ce que vous faites ? Écrasez-le !

CLÉMENTINE. – Non, on peut s'en servir.

PAULETTE. – Vous ne voulez quand même pas le bouffer ?!

CLÉMENTINE. – Non… Il va nous aider… Quelqu'un a un crayon ?

LUCIEN. – Pour quoi faire ?

CLÉMENTINE. – Vous allez voir ! Donnez-moi un crayon. Vite, avant qu'il ne m'échappe !

GISÈLE. – On n'a pas de crayon.

PIERRE. – Si, j'en ai un, mais si c'est pour vous amuser avec, je ne vais pas vous en faire profiter.

FERNAND. – Attendez, j'ai un pinceau et un tube dans ma poche… Tenez.

ROSELYNE. – Vous ne croyez pas que nous avons autre chose à faire que de barbouiller un rat en vert ?

CLÉMENTINE. – Je vais mettre un S.O.S. dessus avec notre adresse… *(Elle écrit sur le rat. Tous se rapprochent.)*

PAULETTE. – Pourquoi vous mettez « je suis coincée » ?… NOUS sommes coincés…

CLÉMENTINE. – C'est trop tard. Je ne peux pas refaire ma phrase, il n'y a plus de place.

PAULETTE. – Effacez !… Bon, donnez-moi le rat. *(Elle le prend et commence à effacer l'inscription de Clémentine.)*

CLÉMENTINE. – Vous êtes en train de faire plein de ratures ! Donnez-le-moi. *(Elle écrit à nouveau.)* Là. Et que personne n'y touche !

AGLAÉ. – De ce côté-là, vous pouvez avoir confiance en moi.

CLÉMENTINE. – Allez, hop, par la fenêtre !

PAULETTE. – Vous le prenez pour un pigeon voyageur ? Il va s'écraser !

GISÈLE. – Il peut se faufiler dans les débris de la cage d'escalier !

CLÉMENTINE. – Bonne idée !

PIERRE. – Pour une fois qu'elle en a une… *(Clémentine lâche le rat dans la cage d'escalier. Tout le monde se presse à l'entrée du dégagement. On devine que le rat se faufile dans les débris des escaliers.)* Regardez, il arrive à se faufiler !

PAULETTE. – Oui, je le vois…

CLÉMENTINE. – Je suis sûre qu'il va aller jusqu'au rez-de-chaussée. Quelqu'un finira bien par l'apercevoir.

GISÈLE. – C'est évident, un rat peint en vert avec un « S.O.S. » écrit sur le dos, quelqu'un va le voir…

AGLAÉ. – C'est possible, oui.

GISÈLE. – Comment, c'est possible ? C'est sûr !

ROSELYNE. – C'est dingue… On va être sauvés par un rat…

PAULETTE. – On va enfin goûter à l'air pur !

GISÈLE. – J'avoue que je ne suis pas mécontente de sortir…

AGLAÉ, *regardant toujours le rat.* – Attendez, regardez… Il fait demi-tour. Mais on ne lui a pas dit de grimper ! Descends, abruti ! Qu'est-ce qu'il fait sur une poutre ?

FERNAND. – Et voilà ! Avec notre veine, on est tombés sur le rat le plus con de la ville.

CLÉMENTINE. – Pas par là, c'est fragile ! Descends de cette poutre !

Soudain, bruit d'effondrement, la poussière se répand sur le palier… Tous suffoquent…

ROSELYNE. – Merde ! Il s'est fait écraser… Quelle idée vous avez eue !

CLÉMENTINE. – Au moins j'en ai eu une !

PAULETTE. – Vous auriez pu vous abstenir, au lieu de nous faire des fausses joies ! Un rat sauveteur, remarquez, il fallait le trouver !

CLÉMENTINE. – Oh ! ça va…

FERNAND. – Non, ça va pas, justement ! Il y en a marre de vos singeries !

PAULETTE. – Vous êtes le premier à en faire !

Ils recommencent à se quereller dans un brouhaha inaudible.

NOIR

TABLEAU 7
Les jeux

Chacun est accolé à sa porte, dans son coin. Gisèle, elle, est au centre du palier.

GISÈLE. – Allez, c'est à vous, Pierre.

PIERRE. – Non, je n'ai plus envie.

GISÈLE. – Allez, Pierre, soyez chic. Une dernière fois.

PIERRE. – Non, c'est ridicule. C'était amusant cinq minutes, mais là j'en ai marre. Et puis j'ai soif et je n'ai plus de forces.

PAULETTE. – On a tous soif.

GISÈLE. – Jouez une dernière fois. Pour me faire plaisir ! Et puis ça permet de tuer le temps.

LUCIEN. – Ce n'est pas le temps que vous tuez, c'est notre patience !

GISÈLE. – Juste une fois. Allez, je m'y colle et vous devinez. *(Elle mime une poule.)*

FERNAND. – Est-ce un animal ?

GISÈLE. – Oui. À vous, Clémentine !

CLÉMENTINE. – A-t-il des plumes ?

GISÈLE. – Oui ! Aglaé, à vous.

AGLAÉ. – Oh… Est-ce un animal de basse-cour ?

GISÈLE. – Oui ! Lucien ?

LUCIEN. – Est-ce un chameau ?

PAULETTE. – Vous avez déjà vu un chameau dans une ferme ?

GISÈLE. – Roselyne, c'est à vous de poser une question.

ROSELYNE. – C'est pas la peine, vous êtes une poule. Ça fait trois fois que vous la faites !

GISÈLE. – C'est vrai, mais je n'ai plus beaucoup d'idées. Qui veut essayer ? Roselyne, puisque vous avez répondu, c'est à vous de mimer.

ROSELYNE. – Oh non…

GISÈLE. – S'il vous plaît.

ROSELYNE. – Je ne joue que si vous me donnez vos chaussettes ; j'ai froid dans mon coin.

CLÉMENTINE. – Roselyne !

ROSELYNE. – Oh ! ça va ! Bon… Voyons… *(Elle mime une vache.)*

PAULETTE. – C'est un animal ?

ROSELYNE. – Oui.

GISÈLE. – Un gros animal ?

ROSELYNE. – Oui…

PIERRE. – C'est une vache ?

ROSELYNE. – Presque.

LUCIEN. – Un taureau.

ROSELYNE. – Non.

AGLAÉ. – Un mouton.

ROSELYNE. – Non…

FERNAND. – Aidez-nous un peu, c'est trop difficile. Donnez-nous un indice.

ROSELYNE. – Très bien. Meuhhh ! Moooh… Giiilbbeertte…

PAULETTE. – Vous êtes Lucien !

ROSELYNE. – Gagné !

Tout le monde se met à rire.

LUCIEN. – Vous trouvez ça drôle ?

AGLAÉ. – Oui.

LUCIEN. – Très bien… Alors à mon tour. *(Il se met à imiter Aglaé.)*

FERNAND. – C'est Aglaé ! C'est sûr !

LUCIEN. – Exact !

FERNAND. – C'est tout à fait ça !

AGLAÉ. – Vous allez me le payer ! À moi ! *(Imitant Fernand.)* « Ô mes toiles, ô mes pinceaux, je suis un grand artiste, je suis en pleine création chiatique ! »

CLÉMENTINE. – C'est Fernand !

FERNAND. – Saleté ! À moi ! Vous allez voir un peu comment je vais vous imiter ! « Ô mes belles robes, mes beaux meubles. J'ai du pognon jusque dans les trous de nez ! »

AGLAÉ. – C'est vraiment minable.

CLÉMENTINE. – Mais c'est bien imité.

AGLAÉ. – Je vais vous imiter, moi, mademoiselle la frimeuse !

PIERRE. – C'est à moi de me moquer de vous !

FERNAND. – Non, attendez, je vais essayer une nouvelle fois !

GISÈLE. – Et ça recommence !

Tous se lèvent et s'imitent entre eux, dans un brouhaha à n'en plus finir. Ils vont jusqu'à se bousculer, laissant découvrir la cachette d'Aglaé. Long silence.

ROSELYNE. – De l'eau !

PIERRE. – Quoi ?

CLÉMENTINE. – Qu'est-ce que c'est que cette bouteille ? Qui a caché ça ? Personne ne répond ? Très bien, alors je vais la jeter par la fenêtre !

FERNAND. – Ah non ! On a soif !

AGLAÉ. – Donnez ma bouteille !

CLÉMENTINE. – Votre bouteille ?

AGLAÉ. – Parfaitement, c'est moi qui l'ai trouvée !

GISÈLE. – Et quand donc ? Vous n'êtes pas venue avec nous dans les décombres !

AGLAÉ. – C'est vrai. Je l'ai trouvée sous une poutre… devant ma porte, à côté de la couverture. Donc, elle est à moi. Donnez-la-moi. *(Elle l'arrache des mains de Clémentine.)*

GISÈLE. – Donnez-nous un peu d'eau, Aglaé, vous voyez bien que nous sommes tous déshydratés !

AGLAÉ. – Vous rêvez, ma petite. Il n'y a pas écrit « Samaritaine » ! Chacun ses affaires. On était tous d'accord.

CLÉMENTINE. – Aglaé, soyez intelligente pour une fois. Donnez-nous une gorgée de votre eau.

AGLAÉ. – Très bien. Mais alors une gorgée chacun, pas plus. Et en échange, je veux que vous me donniez quelque chose.

GISÈLE. – Tenez, prenez mon châle.

ROSELYNE. – Je vous donne ma dernière pastille pour la gorge. Je l'ai à peine sucée.

Tout le monde s'approche de la bouteille. Lucien la vole et s'apprête à la boire d'un trait. Les autres se jettent sur lui et font tomber bouteille, l'eau se déversant sur le sol.

PAULETTE. – Ah ! bravo !

PIERRE. – Maintenant on n'a plus rien !

AGLAÉ. – Vous n'êtes qu'une bande d'animaux ! Jamais je n'aurais dû vous faire confiance. J'aurais dû la garder pour moi !

LUCIEN. – C'est ma faute.

PAULETTE. – Oui, mais ça ne change rien maintenant.

ROSELYNE. – Si ! À voir cette flotte, ça m'a donné encore plus soif.

AGLAÉ. – C'était notre seule bouteille ! On va mourir de soif à cause de vous, Lucien ! On aurait dû vous laisser sauter par la fenêtre !

LUCIEN. – J'ai dit que j'étais désolé ! Ça été plus fort que moi !

PAULETTE. – Je n'en peux plus, je veux sortir d'ici, être loin de vous !

CLÉMENTINE. – Bon, écoutez-moi…

AGLAÉ. – Ah non ! Ça suffit ! Je ne veux plus entendre un mot de la bouche d'une collabo !

CLÉMENTINE. – Oh !

AGLAÉ. – Et puis vous aurez tout le temps de vous exprimer après la guerre, sur la place publique !

LUCIEN. – Vous allez trop loin, Aglaé !

AGLAÉ. – Alors vous ! Par pitié, fermez votre clapet, vous avez fait assez de dégâts comme ça !

LUCIEN. – Je le sais. Pour une fois je m'en excuse. Mais on pourrait écouter la petite, elle sait toujours…

AGLAÉ, *à Lucien*. – Je vous ai dit de ne plus l'ouvrir, et ne jetez plus jamais un regard sur moi ! C'est compris ? D'ailleurs, pour moi, vous n'existez plus, c'est ce que j'ai de mieux à faire. Vous n'êtes plus rien ! La catastrophe, la vraie, ce n'est pas le bombardement, c'est le fait de me retrouver avec vous !

LUCIEN. – Comment ?

GISÈLE. – Calmez-vous, Aglaé.

LUCIEN. – Répétez !

AGLAÉ. – Parfaitement ! Il y a bien longtemps que j'aurais dû vous le dire. Aujourd'hui c'est l'occasion. Vous êtes dangereux. Dangereux et inutile. Qu'est-ce que vous faites encore parmi les gens normaux ? Les personnes comme vous perturbent le monde et le tirent vers le bas. Regardez-vous, vous êtes une plaie, un poison pour tout l'immeuble. Alors pourquoi je devrais vous supporter ? Même en de pareils moments ? À partir de maintenant, je vous défends de vous approcher de moi, je ne vous vois plus, je ne vous entends plus ! Vous êtes une ombre, un fantôme, comme votre Gilberte !

LUCIEN. – Ma Gilberte, un fantôme ? Mais vous devenez complètement folle, ma pauvre fille !

AGLAÉ. – Moi, je deviens folle ? Ah ! ah ! C'est un vieux déséquilibré qui voit sa femme partout alors qu'elle est morte qui me dit que je suis folle !

LUCIEN. – Ma femme, décédée ?

AGLAÉ. – Oui, Lucien. Il est temps de vous faire une raison ! Vous êtes fou ! Et votre femme ne reviendra jamais, elle est morte il y a dix ans !

LUCIEN. – Elle est partie aider les infirmières à la clinique. Elle a promis de revenir !

AGLAÉ. – Elle n'est jamais partie à la clinique ! Tout le monde sait qu'elle voulait vous quitter. Elle s'est enfuie un jour sans vous prévenir, et elle a eu un accident de voiture. C'est même vous qui avez identifié le corps ! Ça vous a rendu maboule !

LUCIEN. – Maboule ?

AGLAÉ. – Maboule !

CLÉMENTINE. – Aglaé !

LUCIEN. – Elle est à la clinique, elle soigne les malades ! Et elle n'aime que moi tout comme je n'aime qu'elle !

AGLAÉ. – Soyez lucide pour une fois, Gilberte ne vous aimait pas et elle est morte !

LUCIEN. – Taisez-vous !

AGLAÉ. – Morte et enterrée !

GISÈLE. – Aglaé, ça suffit !

AGLAÉ. – Il est temps de vous réveiller ! Allons, debout ! Votre femme est morte, Gilberte ne reviendra jamais, vous m'entendez ? Jamais !

Lucien lui donne une gifle. Après un silence, il se retourne et va s'asseoir dans son coin.

GISÈLE. – Vous avez été trop loin, Aglaé.

AGLAÉ. – Je suis désolée. Je suis fatiguée et…

Elle retourne à son tour dans son coin. Chacun, sans bruit, se remet à sa place. Gisèle se relève et prend la couverture d'Aglaé. Elle l'enveloppe sur les épaules de Lucien qui l'enlève aussitôt.

LUCIEN. – Je n'ai pas froid.

GISÈLE. – Allez, ne faites pas l'enfant… Si je peux me permettre, il est inutile de vous mettre dans des états pareils.

LUCIEN. – C'est facile à dire pour vous, vous ne savez pas ce que j'ai vécu.

GISÈLE. – C'est vrai que je n'ai pas eu la chance d'avoir connu l'amour, mais j'imagine combien on doit souffrir lorsqu'il disparaît brutalement. Il est certainement plus facile de s'inventer une autre réalité pour enterrer sa peine que d'affronter la vraie situation. Mais je ne pense pas que l'on puisse vivre de cette façon toute sa vie. Il faut au contraire se rattacher à quelque chose pour avancer. Certains choisissent l'écriture, d'autres la peinture, ou d'autres se rattachent au souvenir de l'être aimé. Regardez Aglaé. Ce n'est pas une femme facile, mais elle est très seule aussi. Comme vous, elle avait trouvé son partenaire idéal. Je me souviens, c'était un grand homme, très élégant… un colonel, je crois. Ils formaient un couple magnifique, Aglaé et lui… Tout l'immeuble les jalousait. Il est décédé peu de temps après que je n'emménage. Vous voyez, elle aussi a perdu un être cher…

PAULETTE, *qui écoutait*. – Mais elle a gagné son fric…

AGLAÉ. – Je vous entends, Paulette…

PAULETTE. – Vous avez l'ouïe fine, je parle tout bas.

AGLAÉ. – On est à deux mètres les uns des autres.

PAULETTE. – Oh ! bah si je ne peux même plus dire quoi que ce soit… Je dors.

ROSELYNE. – C'est ça, dormez, et ne respirez pas trop fort, j'ai pas envie de dormir près d'un buffle…

GISÈLE, *à Lucien*. – Nous continuerons de discuter une autre fois. Je vous laisse. Si vous avez besoin de moi, je ne suis pas loin. Bonne nuit, Lucien.

LUCIEN. – Gisèle… si… si par hasard vous croisez Aglaé, dites-lui que je ne lui en veux pas… pas beaucoup…

AGLAÉ. – C'est inutile, j'ai tout entendu… Bon, écoutez, je vous propose de ne plus parler de cette histoire jusqu'à tant que l'on sorte d'ici. On oublie… Vous êtes d'accord ?

LUCIEN. – D'accord. Mais ne me traitez plus de vieux fou…

AGLAÉ. – Ne me traitez plus de sale bourgeoise… Je vous souhaite une bonne nuit. *(Elle en profite pour reprendre sa couverture.)*

PAULETTE. – Je ne sais pas pour vous, mais moi, je suis gelée. Il y a des courants d'air partout ici.

ROSELYNE. – Dans mon coin, je suis très bien…

CLÉMENTINE. – Dans le mien aussi.

PAULETTE. – Moi ça va pas du tout… J'ai les guiboles gelées, et j'ai rien pour poser ma tête. Comment voulez-vous que je dorme dans ces conditions ?

PIERRE. – Ne vous plaignez pas, vous avez une couverture au moins.

PAULETTE. – C'est pas une couverture, c'est la vieille nappe de Gisèle, je ne vais pas mourir de chaud avec ça… Écoutez, je sais que chacun veut garder ses affaires, mais est-ce que quelqu'un pourrait juste pour cette nuit me prêter un vêtement?

FERNAND. – Oh! vous êtes pénible! Allez, tenez. *(Il lui lance un coussin en pleine figure.)*

PAULETTE. – Aïe, dans l'œil!

FERNAND. – Oh! pardon!

PAULETTE. – Pardon, pardon… Vous m'avez éborgnée! *(Elle lui lance une chaussure.)*

FERNAND. – Aïe! Vous êtes malade!

PAULETTE. – Je sais rendre ce qu'on me donne.

FERNAND. – Mais je ne vous ai pas lancé le coussin si fort! Regardez mon œil, je sens qu'il enfle!

PAULETTE. – C'est bien les artistes ça, ils exagèrent toujours…

CLÉMENTINE. – Écoutez!… Les cloches…

AGLAÉ. – Et alors?

CLÉMENTINE. – Il est minuit… C'est l'heure du crime, et nous sommes tous encore vivants… On fait des progrès.

GISÈLE. – En plus, on est dimanche, c'est mon anniversaire.

CLÉMENTINE. – On le fêtera dehors.

PIERRE. – Si on sort…

GISÈLE. – Attendez, je dois avoir une bougie dans mon bazar… Je veux au moins la souffler ce soir…

FERNAND. – Oh non! Pitié! Vous croyez que c'est le moment?

GISÈLE. – C'est le moment idéal, vous ne pouvez pas m'échapper cette fois. Allez, quoi… Et on n'en parlera plus…

CLÉMENTINE. – Laissez-la souffler sa bougie sinon elle va nous casser les pieds toute la nuit.

Tout le monde se rapproche autour de Gisèle et de sa bougie.

ROSELYNE. – Allez, faites un vœu.

GISÈLE. – Je réfléchis…

PAULETTE. – Ça vient?

GISÈLE. – Ça y est…

AGLAÉ, *soufflant à sa place.* – Voilà… Allez, bon anniversaire, moi je retourne dans mon coin. Et je ne veux plus qu'on s'approche de mon chez-moi avant demain matin. Cette fois-ci, bonne nuit.

PAULETTE. – C'est ça…

CLÉMENTINE. – Gisèle, c'était quoi votre vœu?… Que l'on sorte d'ici le plus vite possible?

GISÈLE. – Je ne peux pas vous le dire, sinon il ne va pas s'exaucer.

CLÉMENTINE. – De toute façon, il ne peut pas se réaliser, ce n'est pas vous qui avez soufflé.

GISÈLE. – Nous verrons bien.

NOIR

TABLEAU 8

Les petits secrets

Au petit matin. Tout le monde dort. Aglaé en profite pour revenir discrètement dans son coin après avoir secrètement passé la nuit dans son appartement. Elle finit d'avaler un gros morceau de brioche. Tout le monde finit par se réveiller un par un.

ROSELYNE. – Oh! j'ai le ventre qui me tiraille!

GISÈLE. – Bonjour, tout le monde! La nuit a été bonne?

ROSELYNE. – Oh oui! Très… J'ai dormi la tête sur une poutre, les pieds à l'air, et pour clore le tout je suis restée toute la nuit le pif calé dans une fourmilière… Et Lucien qui n'arrêtait pas de ronfler… *(Elle se rend compte que Lucien a disparu.)* Lucien, où est-il?

AGLAÉ. – Où voulez-vous qu'il soit? Mais attendez, vous avez raison, il n'est plus là… Lucien!

FERNAND. – Lucien!

PIERRE. – Oh! le chien, il a réussi à partir! Sans nous avertir!

GISÈLE. – Il n'aurait pas fait ça!

ROSELYNE. – Bien sûr que si. Qu'est-ce que vous croyez ? Je le savais, on ne pourra jamais compter sur les autres dans cet immeuble. J'aurais mieux fait de me tailler d'ici il y a des années.

AGLAÉ. – Pour aller où ? Vous n'aviez que votre vieux débarras qui vous sert d'appartement.

ROSELYNE. – Tout le monde n'a pas la chance d'avoir une maison à la campagne ! Si vous n'êtes pas contente, vous n'aviez qu'à y habiter.

AGLAÉ. – Vous savez très bien que je n'aime que la ville.

FERNAND. – Par où a-t-il pu sortir ce vieux pot ?

AGLAÉ. – Par la fenêtre !

ROSELYNE. – Attendez que je regarde… *(Elle regarde prudemment à la fenêtre.)* Non, je ne vois personne d'écrasé. Je ne vois personne tout court, d'ailleurs. À part de la fumée.

GISÈLE. – Comment a-t-il pu faire ça sans nous avertir ?

ROSELYNE. – En tout cas, il a été plus malin que nous. C'est bien fait pour moi. J'aurais dû m'écouter dès le début et chercher à m'en sortir seule. J'ai perdu tout mon temps avec vous.

Paulette se réveille.

PAULETTE. – Qu'est-ce que vous avez à beugler dès le matin ?

ROSELYNE. – Lucien s'est tiré !

PAULETTE. – Quoi ? Par où ?

AGLAÉ. – Si on le savait !

PAULETTE. – Oh ! le saligaud !

Soudain, Lucien, qui était caché sous la nappe, se réveille dans le même coin que Paulette.

LUCIEN. – Bonjour, tout le monde !

PAULETTE. – Oh ! qu'est-ce que vous faites dans mon coin ?

LUCIEN. – Je ne sais pas, j'ai dû bouger pendant la nuit.

PAULETTE. – Bouger ?! Vous avez traversé tout le palier, vieux vicieux ! Je me disais bien que je sentais un souffle chaud dans mon oreille cette nuit.

CLÉMENTINE, *se réveillant*. – Eh bien… je vois que la nuit rapproche les gens…

PIERRE. – La promiscuité tisse des liens…

Tout le monde éclate de rire.

GISÈLE. – Vous avez dû avoir plus chaud que nous !

Nouvelle crise de rire.

PAULETTE. – Arrêtez de vous fendre la poire ! Je vous dis que je n'étais pas au courant…

CLÉMENTINE. – Il n'y a pas de mal à avoir le béguin pour un homme ; depuis le temps que vous êtes veuve, c'est normal que ça vous démange…

PAULETTE. – Vous l'avez regardé ? Il est tout flétri… Lucien, retournez dans votre coin immédiatement. Et restez-y !

LUCIEN. – Je peux récupérer mes chaussettes ? *(Elle lui jette.)*

PAULETTE. – Tenez !

ROSELYNE. – Le bombardement a du bon ! Il y a longtemps que je n'avais pas ri comme ça ! Et dire que l'on pensait que vous étiez parti…

LUCIEN. – Moi ? Je vous aurais prévenus quand même, si j'avais trouvé un passage.

PIERRE. – Vraiment ?

LUCIEN. – Bah, oui… Je ne vous aurais pas laissés entre quatre murs.

PAULETTE. – Ça, c'est gentil au moins. Surprenant de votre part, mais j'avoue que c'est gentil.

FERNAND. – Oh ! j'ai une faim ! Si seulement je pouvais rentrer chez moi, me faire couler un bain en grignotant un croissant…

AGLAÉ. – Arrêtez de vous plaindre, moi je prends mon mal en patience.

ROSELYNE. – Il me reste un demi-biscuit. On peut se le partager.

AGLAÉ. – Non merci.

ROSELYNE. – Je ne parle pas à vous, Aglaé.

CLÉMENTINE. – Qui a pris mon coussin ?

PIERRE. – C'est moi ! Et j'ai eu raison, vous avez pris mon écharpe pendant que je dormais.

CLÉMENTINE. – Je vous la redonne, elle pue votre écharpe !

PIERRE. – Je n'en veux pas, vous avez dormi avec.

FERNAND. – Moi, je la veux bien…

PIERRE. – Non, vous allez la salir avec vos gros doigts pleins de peinture. Bon, Roselyne, vous le partagez ce fichu biscuit ?

ROSELYNE. – C'est tout ce que je vous donne. Bon ! On va le couper en sept puisque Aglaé n'a pas faim…

Tout le monde se rapproche du biscuit.

FERNAND. – Et faites des parts égales. *(Roselyne coupe le biscuit.)* Les parts égales font les bons amis.

PIERRE. – Elles sont bien égales ?

PAULETTE. – Montrez vos parts. Allez !

AGLAÉ. – Vous êtes pitoyables.

FERNAND. – Peut-être, mais on a faim. C'est difficile à voir. Attendez, j'ai un mètre dans ma poche. Ma part fait quatre-vingts millimètres. Et vous ?

GISÈLE. – Pouvez-vous me prêter le mètre ? *(Elle mesure.)* Moi aussi !

> *Les autres font de même et acquiescent.*

CLÉMENTINE. – Bon, on fait des progrès ! On arrive à se partager un biscuit. Bon appétit.

PIERRE. – Et les secours qui ne viennent pas !

CLÉMENTINE. – On va venir nous chercher, faites-moi confiance. Quelle heure est-il ?

GISÈLE. – Ma montre a reçu un coup lors du bombardement, elle s'est arrêtée. Il doit être tôt, il fait à peine jour. Je dirais six heures peut-être.

CLÉMENTINE. – Dire que je devrais être dehors…

PAULETTE. – Dehors, à six heures du matin ? Tiens donc ! Et avec qui ?

CLÉMENTINE. – Vous n'allez pas recommencer !

PAULETTE. – Non. De toute façon, c'est votre problème si vous avez quelque chose à cacher.

CLÉMENTINE. – Oui, parfaitement. Mais vous, évidemment, vous n'avez rien à cacher.

ROSELYNE. – Oh ! que si !

PAULETTE. – De quoi je me mêle ? De toute façon, on a tous quelque chose à cacher. Même vous, Roselyne.

ROSELYNE. – Il y a cacher et cacher…

PAULETTE. – Tenez, racontez ce que vous faites ici, le soir, quand tout le monde est couché.

ROSELYNE. – Vous charriez ? Vous êtes avec moi !

PIERRE. – Et qu'est-ce que deux rombières font sur le palier en pleine nuit ? Allez, jouez cartes sur table, au point où on en est !

ROSELYNE. – C'était pas mon idée au départ… Parlez, Paulette, puisque ces gens veulent savoir.

PAULETTE. – Bah voilà… Roselyne et moi… le soir… on vous espionne, voilà.

FERNAND. – Ça on s'en doutait, mais pour quoi faire ?

PAULETTE. – Bah… pour tuer le temps. Que voulez-vous qu'on fasse d'autre ? Ça met un peu de piquant dans notre vie. Ce n'est pas toujours évident la solitude…

FERNAND. – On sait tous ici ce que c'est. C'est peut-être notre seul point commun, d'ailleurs, la solitude… Moi, depuis mon divorce, je chasse l'ennui grâce à la peinture.

PIERRE. – Moi c'est l'écriture qui m'aide à tenir le coup. Pas parce que j'ai perdu quelqu'un, mais parce que je n'arrive pas à trouver la bonne personne. La seule qui m'a toujours été fidèle, c'est la bouteille.

CLÉMENTINE. – Si vous la lâchiez un peu votre bouteille, vous ne feriez plus fuir les femmes.

GISÈLE. – Moi, pour tuer le temps, je fais la collection de fèves, depuis cinq ans…

AGLAÉ. – Oh… Depuis cinq ans… C'est charmant… Vous en avez beaucoup ?

GISÈLE. – Cinq. Une pour chaque galette des Rois. Mais à mon avis, je ne pourrai pas les retrouver.

PAULETTE. – Bah voilà ! Pour certains, ce sont les canevas et les macramés, moi c'est les ragots. Ensuite on note tout dans un petit calepin… Chacun son truc pour ne pas s'ennuyer.

ROSELYNE. – S'il y a une chose que je dois bien reconnaître, c'est que depuis hier, je ne me suis pas ennuyée une seconde…

LUCIEN. – Allez, Pierre, voyons voir si vous, vous avez un secret à nous révéler.

PAULETTE. – Allez, moi je me suis jetée à l'eau ! Votre roman, par exemple. On pourrait peut-être juste savoir le début…

PIERRE. – Vous êtes curieuse, c'est incroyable ! Bon… Très bien… Disons, que j'écris sur… la bêtise humaine. C'est l'histoire de huit prisonniers forcés de vivre ensemble alors qu'ils se détestent.

FERNAND. – On se demande bien où vous allez puiser vos idées… Et ça se termine comment ?

PIERRE. – J'en suis à la page… quatre.

CLÉMENTINE. – Allez, à vous, Gisèle.

GISÈLE. – Un secret… Voyons… Oh non ! J'ai honte…

ROSELYNE. – Allez-y, c'est croustillant, j'espère !

GISÈLE. – Je pense mais… Non… Je ne peux pas…

AGLAÉ. – Allez, Gisèle, on est entre amis. Enfin, entre nous…

CLÉMENTINE. – Je rêve ! Vous avez dit « amis » !

AGLAÉ. – Ça a dû m'échapper.

CLÉMENTINE. – Eh bien, il va tomber de la neige !

PAULETTE. – Ça nous changera des bombes. Bon, Gisèle, allez-y puisque, comme dit Aglaé, nous sommes entre amis !

GISÈLE. – D'accord. Mais promettez-moi de garder ça pour vous.

CLÉMENTINE. – On ne répétera aucun secret.

GISÈLE. – Bon. La semaine dernière, en allant au marché, j'étais très pressée. Et… j'ai pris le tramway sans payer ! Mais c'était la seule et unique fois.

ROSELYNE. – Ce n'est pas ce que j'appellerais un secret croustillant, mais bon…

AGLAÉ. – Vous plaisantez ? Gisèle a fraudé ! Ça c'est un secret !

CLÉMENTINE. – Lucien, vous avez quelque chose à nous dire ?

LUCIEN. – Oui. Et je voudrais m'en excuser à l'avance. C'est moi qui ai volé le paillasson de l'entrée de l'immeuble, le mois dernier… pour l'offrir à Gilberte.

FERNAND. – Ça vous arrive souvent d'offrir des paillassons ?

LUCIEN. – C'était pour faire une descente de lit… Je le trouvais beau.

ROSELYNE. – Celui avec une tête de biche ? Bah, vous nous avez rendu service, il était affreux !

LUCIEN. – Et des fois, je ne mets pas de slip.

PAULETTE. – Oui, bon, ça va ! On a dit un seul secret !

FERNAND. – Aglaé, à vous.

AGLAÉ. – Je passe mon tour… Allez-y, Clémentine.

CLÉMENTINE. – Bon… Attention les oreilles ! Vous n'allez pas en revenir…

ROSELYNE. – Moi, j'ai ma petite idée… Écoutez bien, vous autres !

CLÉMENTINE. – Le soir, je sors en douce pour…

PAULETTE. – Oui ?

CLÉMENTINE. – … pour aller à Savennières.

ROSELYNE. – À Savennières ? Pourquoi allez-vous dans ce coin paumé ?

CLÉMENTINE. – Pour rejoindre mon réseau.

PAULETTE. – Réseau de quoi ?

CLÉMENTINE. – Je fais partie de la Résistance. Et en particulier du réseau de Savennières.

FERNAND. – Quoi ?

GISÈLE. – Vous ?

CLÉMENTINE. – Oui, moi ! C'est un petit réseau actif auquel j'adhère.

ROSELYNE. – Ben merde alors ! Moi qui croyais que…

PAULETTE. – Que quoi ? Qu'elle voyait un Allemand ? Je vous l'ai dit, vous vous faites des idées !

ROSELYNE. – Je n'étais pas la seule à le croire !

GISÈLE. – Et depuis quand ?

CLÉMENTINE. – Depuis trois mois. Je devais rejoindre le groupe hier pour saboter les voitures des officiers allemands à la préfecture, mais avec le bombardement…

PIERRE. – Ça c'est fort !

ROSELYNE. – Oh oui ! C'est dingue ! Et pourquoi partiez-vous avec une valise pleine de vêtements ?

CLÉMENTINE. – Ce n'était pas des vêtements. C'était des outils, des tenues de camouflage…

PAULETTE. – Comme quoi ! Même en espionnant les gens, on ne connaît pas tout d'eux. Ce coup-ci, on a tout faux. Alors là, chapeau bas mademoiselle ! La prochaine fois, on tâchera d'être plus efficaces, Roselyne.

ROSELYNE. – Il n'y aura pas de prochaine fois. Une fois dehors, nous serons tous séparés… Chacun emménagera dans un nouvel appartement, quelque part en ville. *(Silence.)*

LUCIEN. – Aglaé, on ne vous entend plus. C'est à vous.

AGLAÉ. – Je n'ai rien à cacher…

PIERRE. – Allez, Aglaé… Vous avez bien un petit quelque chose qui va nous étonner…

AGLAÉ. – Désolée de vous décevoir.

FERNAND. – Ah non ! Ce n'est pas du jeu ! Tout le monde a coopéré !

GISÈLE. – Sinon on peut refaire une partie de mimes !

AGLAÉ. – Ah non ! Par pitié !

GISÈLE. – C'est ça ou votre secret !

AGLAÉ. – Bon, bon… Attendez… Je cherche…

LUCIEN. – Et on en veut un gros !

AGLAÉ. – Vous êtes sûrs ?

LUCIEN. – Oui.

Aglaé. – Puisque vous y tenez. Et puis après tout, je ne vois pas en quoi cela vous importe, puisqu'à votre avis, Clémentine, les secours ne vont pas tarder. Bien ! J'y vais ! La porte de mon appartement est ouverte.

Lucien. – Comment ça ?

Aglaé. – C'est quand même clair ! Mon appartement est accessible.

Gisèle. – Vous plaisantez ?

Paulette. – Qu'est-ce que c'est encore que ces bêtises ? *(Elle va ouvrir.)* Mais c'est pourtant vrai !

Aglaé. – Fermez cette porte !

Paulette referme la porte.

Gisèle. – Vous vous fichez de nous ! Pourquoi n'avez-vous rien dit ?

Aglaé. – Ce ne sont pas vos affaires ! On avait conclu un accord hier… Chacun pour soi et chacun se débrouille. Alors je ne vois pas en quoi cela aurait changé quelque chose !

Gisèle. – Bien sûr que si ! On essaye de se partager la moindre miette de pain depuis hier à côté d'un appartement rempli jusqu'à ras bord de vivres et de couvertures, et vous avez gardé ça pour vous !

Aglaé. – Et alors ? Vous savez très bien que je n'accepte pas le partage ! Depuis le temps, vous devriez le savoir.

Gisèle. – Je ne crois pas ce que j'entends… Laissez-moi entrer !

Aglaé. – Certainement pas ! L'héritage de mon mari est bien trop précieux pour que j'y laisse entrer n'importe qui, même en de pareils moments.

GISÈLE. – Ai-je une tête de voleuse ?

AGLAÉ. – J'ai appris à me méfier de tout le monde.

GISÈLE. – Alors là, ça dépasse tout. Comment peut-on être aussi égoïste ?

AGLAÉ. – Je ne vous permets pas !

GISÈLE. – C'est moi qui ne vous permets plus ! Regardez-nous ! Nous sommes tous mal, nous avons faim, nous avons soif, nous avons froid, Fernand est blessé et vous nous fermez la porte !

AGLAÉ. – Arrêtez, je vous en prie !

GISÈLE. – Non ! Vous avez dépassé les bornes, une fois de plus. J'ai toujours été très patiente avec vous, mais j'ai mes limites ! Vous allez tout de suite nous chercher de quoi manger et nous réchauffer !

AGLAÉ. – Hors de question ! Débrouillez-vous toute seule !

GISÈLE. – Laissez-moi entrer !

AGLAÉ. – Non ! Arrêtez immédiatement votre numéro ou je m'enferme chez moi jusqu'à l'arrivée des secours !

GISÈLE. – Vous ne feriez pas cela ?

AGLAÉ. – Pourquoi pas ? Vous croyez que ça me ferait mal de vous laisser crever ? Qu'est-ce que j'en ai à faire ?

GISÈLE. – Comment pouvez-vous dire ça ? Après ce qui est arrivé… Après ce que nous avons vécu et partagé tous ensemble depuis hier ? J'ai osé croire que…

AGLAÉ. – Qu'est-ce que vous avez cru ? Qu'un petit huis clos ensemble nous transformerait en meilleurs amis du monde ? « Unis dans la tourmente, partageant nos joies et nos peines, jusqu'à la fin de nos jours… » Vous êtes tellement naïve, ma fille… Une fois sortis d'ici, on ne se reverra jamais, on le sait tous. On arrive à se supporter depuis hier uniquement par intérêt. Alors arrêtez votre crise de nerfs empreinte d'hypocrisie. Entre nous tous, il existera toujours des cloisons. Et d'ici quelques mois, chacun aura trouvé une nouvelle place aux quatre coins de la ville. On ne se souviendra de personne et on oubliera cette histoire, parce qu'il n'y a rien à retenir. Vous ne comprenez pas que l'on ne peut pas forcer les gens à s'aimer, même lorsque nos cloisons sont tombées ?

GISÈLE. – Vous avez raison… Avec vous, je me rends bien compte qu'on ne fait pas pousser de fleurs sur des ruines. Mais accordez-moi juste une chose. Ouvrez-moi cette fichue porte !

AGLAÉ. – Non.

GISÈLE. – Ouvrez !

AGLAÉ. – Retournez dans votre coin !

GISÈLE. – Pour la dernière fois, écartez-vous de là !

AGLAÉ. – Non, je vous en prie !

Gisèle pousse violemment Aglaé et entre dans son apparte-ment. Tous les autres font de même. Silence. Ils ressortent.

GISÈLE. – Qu'est-ce que ça veut dire ?

AGLAÉ. – Vous n'avez pas besoin de savoir.

ROSELYNE. – Vous rigolez ou quoi ? Vous nous devez des explications ! Après tout le foin que vous nous avez fait sur votre pognon !

AGLAÉ. – C'est mon problème…

PAULETTE. – C'est le problème de tout le monde. On est tous dans le même bateau.

CLÉMENTINE. – Depuis quand vivez-vous comme ça ?

Aglaé. – Depuis… la disparition de mon mari.

Clémentine. – C'est ridicule ! Tous vos meubles, vos bijoux ? Et l'héritage dont vous nous parlez sans arrêt ?

Aglaé. – Je l'ai touché. J'ai aussi retrouvé de vilaines dettes cachées, qui m'ont fait tout perdre. Même la vente de ma maison de campagne n'a pas suffi à tout éponger. Cela fait trois ans maintenant que je vis dans… la précarité.

Paulette. – C'est le moins qu'on puisse dire. À part un matelas, une table et deux chaises, il n'y a pas un meuble là-dedans.

Gisèle. – Il fallait nous le dire !

Aglaé. – Dire quoi ? Qu'une veuve de colonel qui a toujours vécu dans le confort se retrouve à dormir sur le sol ? Pour qui m'auriez-vous prise ? Je ne suis pas une misérable. Je mérite que l'on me considère autrement que comme une pouilleuse. J'ai encore ma fierté et les apparences. Enfin, c'est tout ce qu'il me restait avant que vous ne fassiez votre comédie. Vous venez de me faire perdre tout ce qu'il me restait, vous comprenez ça ? Eh bien, voilà ! Vous l'avez votre fin pour votre roman !

Gisèle. – Je suis désolée.

Lucien. – Nous le sommes tous.

Aglaé. – Qu'est-ce que ça change ?… Il y a un reste de brioche sous l'évier et une bouteille d'eau. Servez-vous, au point où j'en suis. Et n'oubliez pas de fermer ma porte, voulez-vous ? Il laisse s'échapper la chaleur du palier.

Lucien. – Vous savez… nous aussi, nous venons de tout perdre. Nous sommes dans la même situation que vous.

Clémentine. – Prenez un morceau de brioche.

AGLAÉ. – Je n'ai pas faim. Je veux qu'on me laisse tranquille.

ROSELYNE. – Ça va être dur, on est dans la même pièce. Laissez tomber votre armure maintenant. Allez, prenez un morceau.

GISÈLE. – Et on va fêter quelque chose…

PIERRE. – Votre anniversaire, encore ?

GISÈLE. – Non, pas cette fois. On va fêter notre armistice. *(Elle donne un morceau de brioche à Aglaé.)* À notre armistice !

PAULETTE. – Oh ! quelle histoire, quand même ! J'en suis toute retournée.

CLÉMENTINE. – Au moins, maintenant, tout est clair pour nous tous. Et je salue votre courage, Aglaé. Vivre comme ça sans que personne ne s'en rende compte !

ROSELYNE. – Moi, ça me coupe la chique.

TABLEAU 9
Une fleur sur les ruines

Ce tableau est en continuité avec le tableau 8.

LUCIEN. – Allez, Aglaé, venez, je vous invite dans mon coin, il y fait plus chaud que dans le vôtre.

AGLAÉ. – Non, merci.

LUCIEN. – Allons, ce n'est plus le moment de faire des manières, comme dit Roselyne, on est tous dans le même bateau. Venez, je vous dis. *(Aglaé ne bouge pas. Lucien décide de prendre les débris qui formaient le coin d'Aglaé et de les mettre en commun avec les siens pour ne former qu'un seul « coin ».)* On se sentira mieux comme ça ! Venez, vous autres !

Les autres se regardent puis mettent en commun leur petit coin. Ils sont ainsi tous ensemble.

GISÈLE. – C'est mieux comme ça, non ?

CLÉMENTINE. – C'est vrai.

ROSELYNE. – Quand même, moi, ça me scie… Remarquez, Aglaé, si ça peut vous consoler… Vous, avec le bombardement, vous n'avez pas perdu grand-chose, vous n'aviez déjà plus rien… Moi, j'y tenais quand même à ma statue de caniche en laiton…

PAULETTE. – En effet, c'est une grosse perte !... Bah alors, vous ne répliquez pas ? Vous ne m'envoyez pas de vacheries ?

ROSELYNE. – Même pas, j'ai dépassé mon quota d'insultes…

CLÉMENTINE. – Eh bien, on en a fait du chemin depuis hier, tous ensemble, hein ?

GISÈLE. – Une fois sortis, ça vous dirait de venir avec moi dormir chez ma sœur quelque temps ?

PAULETTE. – Chez les bonnes sœurs ? Pas question ! Je ne veux pas finir le mois entourée de nonnes en cornettes. Sauf si elles savent faire la blanquette de veau.

GISÈLE. – On leur proposera. Tout le monde est d'accord ?

TOUS, *sauf Aglaé*. – Oui.

GISÈLE. – Aglaé ?

AGLAÉ. – Je n'ai plus que vous, de toute façon…

LUCIEN. – Quelle est la pâtisserie préférée des bonnes sœurs ? Les pets de nonnes !

PAULETTE. – Très subtil ! Avec vous c'est tout l'un ou tout l'autre.

LUCIEN. – C'était pour tuer le temps.

CLÉMENTINE. – Regardez, le feu s'éteint !

AGLAÉ. – Ce n'est pas trop tôt…

FERNAND. – Roselyne, arrêtez de bouger comme ça…

ROSELYNE. – Je n'y peux rien ! J'ai envie d'aller au petit coin…

PAULETTE. – Retenez-vous !

AGLAÉ. – Ou alors allez chez moi.

ROSELYNE. – Ce n'est pas de refus, mais votre cuvette est coupée en deux.

AGLAÉ. – Il y a un pot de chambre près du matelas. *(Elle s'apprête à partir, puis s'arrête.)* Quoi ? C'est trop tard ?

ROSELYNE. – Non… C'est que j'entends des voix…

CLÉMENTINE. – Arrêtez vos bêtises.

ROSELYNE. – Je suis sérieuse, j'entends quelqu'un… On dirait que ça tape.

CLÉMENTINE. – Où ?

ROSELYNE. – Là, juste en dessous…

CLÉMENTINE. – Laissez-moi écouter… Vous avez raison, quelqu'un tape !

LUCIEN. – C'est elle !

ROSELYNE. – Qui ?

LUCIEN. – Gilberte !

PAULETTE. – Tapez aussi, pour savoir si on vous entend.

Clémentine tape sur le sol et quelqu'un répond par des coups.

CLÉMENTINE. – C'est du morse ! C'est Joseph, mon chef de réseau, il doit être avec toute ma bande. Je savais qu'ils viendraient me chercher ! Aidez-moi, on va essayer de faire un trou dans le sol. Il nous faut un gros poids.

PAULETTE. – Roselyne, sautez sur le plancher !

ROSELYNE. – Mais je vais finir par le traverser !

AGLAÉ. – Je vous rattraperai.

Roselyne saute sur le plancher.

FERNAND. – Ça ne marche pas.

CLÉMENTINE. – Arrêtez ! Ils refrappent.

PIERRE. – Qu'est-ce qu'ils disent ?

CLÉMENTINE. – Une minute. D'après ce que je comprends, ils vont déblayer l'escalier et apporter une échelle ! On va pouvoir sortir d'ici ! *(Liesse générale, et tout le monde se prend dans les bras. Puis chacun se calme. S'ensuit un court silence.)* Bon…

PIERRE. – Bon…

CLÉMENTINE. – Cette fois, ça y est.

PAULETTE. – Ça y est.

LUCIEN. – L'aventure est finie !

CLÉMENTINE. – Pas tout à fait. Rendez-vous chez les sœurs !

GISÈLE. – Pour une bonne petite blanquette de veau.

PIERRE, *s'approchant du dégagement*. – Je crois qu'ils mettent l'échelle en place ! On peut y aller !

ROSELYNE. – Désolée de ne pas verser ma petite larme de joie, mais j'ai trop envie d'aller au petit coin. Permettez, je passe devant. *(Elle sort par le dégagement.)*

AGLAÉ. – Allez-y, vous autres. *(Les autres suivent Roselyne et sortent de scène. Il ne reste que Gisèle et Aglaé sur le palier.)* Allez-y, Gisèle.

GISÈLE. – Passez devant, je vous suis. *(Aglaé s'en va. Gisèle reste seule un moment et allume une bougie.)* Bon anniversaire, Gisèle ! *(Elle souffle et s'en va, heureuse.)*

RIDEAU

AVIS IMPORTANT

Cette pièce de théâtre fait partie du répertoire de la Société des Auteurs et Compositeurs Dramatiques, 11 bis rue Ballu 75442 PARIS Cedex 09. Tél. : 01 40 23 44 44. Elle ne peut donc être jouée sans l'autorisation de cette société.

Nous conseillons d'en faire la demande avant de commencer les répétitions.

ATTENTION

Aux termes du Code de la propriété intellectuelle, toute reproduction ou représentation, intégrale ou partielle de la présente publication, faite par quelque procédé que ce soit (reprographie, microfilmage, scannérisation, numérisation...) sans le consentement de l'éditeur est illicite (article L. 122-4 du Code de la propriété intellectuelle) et constitue une contrefaçon sanctionnée par les articles L. 335-2 et suivants du même Code.

4e trimestre 2014
1re édition, dépôt légal : décembre 2014
N° d'édition : 201510
ISBN : 978-2-84422-973-1